문장과 함께하는

유럽사 산책

이 도서는 2017년 대한민국 교육부와 한국연구재단의 지원을 받아 수행된 연구임
(NRF-2017S1A5A2A03068099)

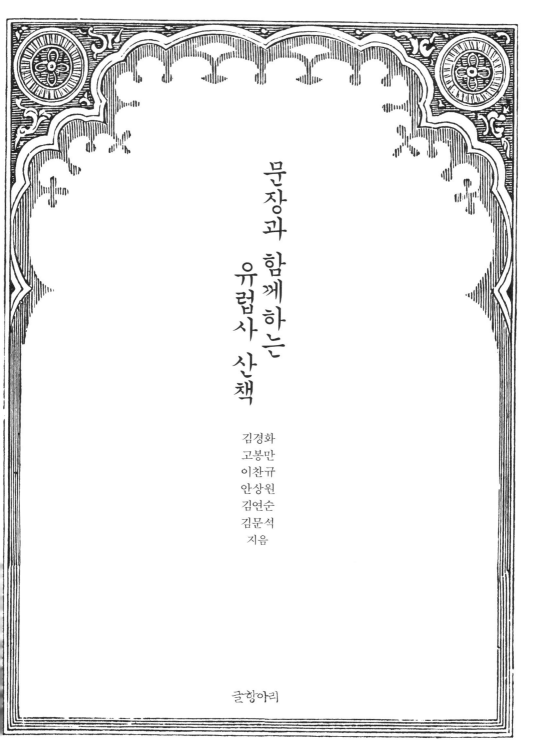

문장과 함께하는 유럽사 산책

김경화
고봉만
이찬규
안상원
김연순
김문석
지음

글항아리

머리말
스타벅스와 유럽 문장

스타벅스는 1971년 시애틀의 파이크 플레이스라는 전통 어시장 한 귀퉁이에서 출발했다. 커피 마니아인 샌프란시스코대학 동창 세 명이 의기투합해 만든 조그만 카페였다. 이들은 미국인이 즐기는 연한 아메리카노 대신 고온에서 로스팅한 원두커피에 매료되었다. 먼저 커피에 어울리는 이름부터 지어야 했다. 공동 창업자 고든 보커는 19세기 미국 소설가 허먼 멜빌의 『모비딕』에 나오는 고래잡이 배, 피쿼드Pequod호를 떠올렸다. 가게가 있는 수산시장과 잘 맞아떨어졌기 때문이다. 하지만 'pee'라는 소리가 '소변'을 연상시켜 최종적으로는 피쿼드호의 일등항해사 스타벅Starbuck이 간택되었다. 아름다운 노래로 선원을 유혹하는 그리스 신화의 바다 요정, 사이렌은 자연스럽게 로고가 된다. 강배전한 스트롱 커피는 '스타벅스'라는 강한 발음과 잘 어울렸고, 매혹적인 사이렌 로고는 선원과 시장 상인들을 가게로 이끌었다.

하워드 슐츠가 합류하여 갈색 사이렌 로고를 녹색으로 바꾸고, 항해사를 상징하는 별을 첨가하면서 스타벅스는 글로벌 기업으로 발돋움했다. 고래를 향한 바다 사나이들의 집념과 신성한 노동, 향유고래의 용연향과 커피 원두 볶는 냄새, 선원들을 매혹하는 사이렌의 노래와 악마처럼 유혹적인 커피 향이 절묘하게 어우러지면서 스타벅스는 어느덧 세계인의 커피가 되었다. 역사와 신화를 바탕으로 스토리를 엮어내고 이를 로고 디자인에 응축해낸 상상력의 승리였다. 어시장 한 귀퉁이에서 시작한 조그만 커피 가게가 이뤄낸 놀라운 성공은 제품의 질도 질이지만 무엇보다 탁월한 브랜드 디자인 덕분이다. 여성의 상체와 물고기의 하체가 결합된 녹색 사이렌 로고는 커피를 좋아하는 사람들에게 헤어나올 수 없는 강렬한 인상을 준 것이다.

로고 디자인의 뿌리는 중세 유럽 문장紋章이다. 문장은 전쟁터에서 아군과 적군을 구별하기 위한 마크에서 출발했다. 이후 점차 가문과 직업, 기업을 나타내는 엠블럼으로 발전했다. 전장에서 병사들의 사기를 북돋

15세기 뉘른베르크의 깃발에서 보이는 그리핀.

우려면 식물보다는 동물이, 단조로운 무채색보다는 강렬한 원색 대비가 효과적이었다. 문장의 색으로 흑·백·적·황·녹·청이 쓰인 것도 이런 이유에서다. 동물 중에서도 다른 차원의 힘이 이종 결합된 상상 동물이 선호되었다. 사자의 하체에 독수리의 상체를 한 그리핀griffin이 대표적이다. 사자의 용기와 독수리의 지성이 결합된 상징이 강력한 힘을 주리라는 주술적 기대가 작용한 것이다.[1]

중세 문장을 알면 스타벅스의 녹색 사이렌이 풍기는 마력을 이해할 수 있다. 녹색은 중세 문장의 대표적인 색이다. 현대의 에코 그린과 달리 중세까지 녹색은 악마의 색이었다. 변화무쌍한 자연의 색을 보면서 고대인들은 생명의 순환을 생각했다. 탄생의 기쁨과 함께 죽음의 두려움도 느꼈던 것이다. 녹색은 편안하면서도 불안함을 자아낸다. 오래된 서양 건축물 귀퉁이에 빠짐없이 등장하는 괴기스런 그린 맨green man 장식을 보면 이런 복잡하고 모순된 인간의 무의식을 이해할 수 있다. 물고기 하체에 풍만한 여인의 상체를 한 사이렌의 모습은 인간과 동물, 육지와 바다가 결합되어 신비감을 자아낸다. 게다가 녹색이다. 거리를 걷다 우연히 스타벅스 로고를 보면 마치 긴 항해에 지친 배가 초록불이 깜박이는 등대를 만난 듯한 느낌을 준다. 만약 초창기 로고처럼 갈색이었다면 이런 주술적 느낌이 통했을까?

이 책은 중세 유럽 문장에 대한 기본적이고 개괄적인 이해를 돕고자 한다. '문장'이라고 하면 장년 세대는 주어와 술어로 된 센텐스sentence를 생각한다. 그러나 요즘 젊은이들은 이 책이 말하고 있는 엠블럼으로서의 문장을 떠올린다. PC방에서 늘 마주치는 아이템이 중세 문장이기 때문이다. 동양에도 문장과 비슷한 인장이 있었지만, 중세 유럽의 시각적인 문장 문화처럼 발전하지는 못했다. 동양에서 유일하게 일본이 문장을 사용했으나, 그 쓰임은 가문의 상징에 그친 데다 주로 식물 문양에 한정되어 있다.

동양 문화권에서 생소할 수밖에 없는 문장이 최근 한국에서 주목을 받고 있다. 컴퓨터 게임의 영향도 크지만 무엇보다 케이블 방송이 기여를 했다. 실시간으로 안방까지 중계되는 유럽 축구와 중세를 배경으로 한 판타지 드라마의 인기는 문장에 대한 관심을 증폭시켰다. 미국 HBO 채널을 통해 방영된 조지 마틴 원작의 「왕좌의 게임」은 '문장의 게임'이라고 해도 될 정도로 작품에서 문장의 역할이 크다. 또한 유럽 축구와 월드컵 축구는 실제 나라와 나라 사이의 싸움을 방불케 한다. 도시나 국가를 상징하는 로고를 달고 축구장을 누비는 선수들은 현대판 중세 전사들이다. 이들의 유니폼에 새겨진 엠블럼은 현대에 귀환한 중세 문장이다.

하지만 아쉽게도 국내 문장 연구는 거의 찾아보기 힘들다. 독일 역사를 전공한 일본 학자의 책이 겨우 한 권 번역되어 있을 뿐이다. 대중의 요구에 민감한 기획자들은 문장을 활용한 문화상품을 재바르게 내놓고 있지만, 학계에서는 아직 문장 연구의 기초도 마련하지 못하고 있다. 사실 문장은 사학도 문학도 아닌 데다 디자인도 아니다. 이 모든 분야를 포괄하는 영역이다. 이런 애매한 문장의 위치가 학계의 문장 연구를 단편적이고 산발적인 작업에 머물게 하기도 했다. 무엇보다 연구에 장애가 되는 것은 중세 문장이 품고 있는 고·중세 언어, 동물지, 고대와 중세의 신화, 역사학을 아우르는 거대한 장막이다. 본격적인 문장 연구에 들어가는 시도 자체가 쉽지 않은 이유다.

문장은 1000여 년 전 유럽에서 태동하여 근대를 기점으로 대부분 사라졌다. 왕실과 귀족 가문을 통해 겨우 명맥만 유지하고 있을 뿐이다. 하지만 문장의 흔적은 사라지지 않고 오히려 강하게 영향력을 행사하고 있다. 오늘날 국가와 공동체의 상징, 기업체 로고와 제품 디자인, 단체의 심벌마크 등에서 문장은 살아 숨 쉬고 있다. 오래된 비석처럼 압축된 역사를 담고 있지만 그 의미가 모호한 문장 또한 우리 곁에 남아 있다. 그런데도 유럽에서조차 문장 연구는 등한시되었다. 오랫동안 역사학의 하위 분과인 보학譜學에 속해 있어 연구의 폭을 넓히지 못했다. 과거 문장이 현재 어떤 가문에 이어져오고 있는지 기록하는 것에 초점을 맞추다보니 소수 학자들만의 전유물이 된 것이다.

20세기 들어 문장 연구에 새로운 바람이 일기 시작했다. 흐름을 주도한 대표적인 학자로 영국의 앤서니 와그너Anthony Wagner와 프랑스의 미셸 파스투로Michel Pastoureau를 들 수 있다. 와그너는 평생 영국 문장관으로 일하면서 1939년과 1967년에 각각 『영국의 문장』과 『중세 시대의 문장관과 문장』이라는 책으로 대중의 관심을 불러일으켰다. 그는 전투의 식별 수단에 불과했던 문장이 12세기 중엽 유럽에 널리 퍼진 까닭은 기존의 인장 역할을 대신했기 때문이라고 주장한다. 그리고 귀족의 표지로 쓰였던 영국 문장과 달리 프랑스와 독일에서 문장은 개인의 정체성을 드러내는 수단으로 발전했다고 분석한다. 그의 저서는 문장이 인장 문화와 연관성을 가지며, 유럽 사회 안에서도 다양한 경로를 거쳐 변화했음을 보여준다. 파스투로는 와그너의 연구에서 한 걸음 더 나아가 사회적 코드로서

	시기	문장의 형태	문장의 특징
1단계	고대~1130	문장 출현 이전	인장 문화가 지배적인 사회 기하학 문양의 방패 출현
2단계	1130~1300	전쟁터의 문장	문장 계승, 특정 모양과 색을 선호 도시, 가신, 여성, 성직자 순으로 문장 확산
3단계	1301~1450	마상 시합의 문장	문장 규칙과 언어 제정 전쟁과 무관한 상징체계로 발전
4단계	1451~현재	새로운 형태의 문장	길드와 집단의 상징, 개인의 정체성 표시

의 문장을 탐색했다. 일반인들이 문장에 대해 갖는 모호한 신화를 벗겨내고자 문장의 역사적 변천을 4단계로 구분하고 그 특징을 표에 제시된 바와 같이 요약했다.[2]

요컨대 문장은 중세 유럽인의 명함이었다. 명함의 역할은 식별과 소유, 홍보에 있다. 명함에 기록된 사실은 명함 소유자를 다른 사람과 구분하는 근거와 기준이 된다. 또한 그것은 명함 소유자의 능력과 자산이기도 하다. 명함의 목적은 남에게 건네주면서 자신을 알리는 데 있다. 남과 다른 능력과 자산을 내가 분명히 소유하고 있음을 알리는 표지 역할을 한다. 이러한 내용을 중세 사람들은 도형과 그림, 색채로 표현해 건물과 가구에 붙이고 옷으로 지어 입었던 것이다.[3] 중세인들이 대부분 문맹이었다는 사실을 떠올린다면 문장만큼 강력한 홍보 수단도 없었을 것이다. 중세 교회가 왜 처음에는 문장에 대해 부정적인 입장을 취하다가 열렬한 지지자로 돌아섰는지 이해할 수 있는 대목이다. 식별과 소유와 홍보 기능을 한 번에 충실하게 하는 매체가 당대에는 없었기 때문이다.

중세 유럽 문장의 역사를 탐사하고 규칙을 연구해 현대사회와 맺고 있는 연관성을 밝히는 연구는 현시점에서 절실하다. 문장 속에는 유럽의 역사뿐만 아니라 유럽의 정신이 스며 있기 때문이다. 글로벌 시대는 과거 어떤 시대보다 더 나라와 나라 사이, 지역과 지역 사이의 상호 이해와 협력을 요구한다. 상대의 문화를 제대로 이해하지 못하면 진정한 대화나 설득은 불가능하다. 세계인의 기호에 맞는 브랜드 디자인과 콘텐츠 개발을 위해서도 서양 문장 문화의 이해는 필수 과제다.

문장 연구는 여기저기 흩어진 깨진 옹기 조각을 한데 모아 그릇을 복원하는 작업과 같다. 부스러기를 찾아 이리저리 헤매지만 더러 제자리를 못 찾은 조각도 있을 것이며, 다른 그릇에 붙여야 할 게 잘못 온 것도 있을 터이다. 글쓴이들 역시 앞에서 말한 문장 연구의 높은 진입 장벽을 절감했기 때문이다. 그래도 한국 연구재단의 과제를 수행하면서 모은 자료와 학술 토론회를 거치면서 최소한 중세 문장에 대한 조감도는 그릴 수 있겠다고 생각했다. 학계에서 논쟁이 되고 있는 부분들은 성급히 판정을 내리기보다는 논쟁의 이유를 제시하고자 했다. 그리고 해당 자료와 관련 도판들을 충분히 넣어 독자들이 쉽게 다가갈 수 있도록 했다. 어려운 책의 출판을 기획하고 까다로운 편집 작업에 기꺼이 동참해주신 글항아리 이은혜 편집장님께 고마움을 전하며, 이제 독자 여러분과 중세 천 년에 이르는 문장의 오솔길을 함께 걸어보고자 한다.

1부

문장의 역사

그림 1 중세 문장관 외투에 그리핀이 새겨져 있다.

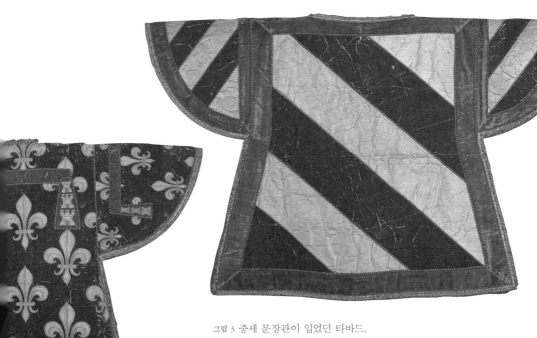

그림 3 중세 문장관이 입었던 타바드.

Nsch Walt das all erum stag Wesen jest

Es was

vnd was
Nuss

Haus Burckgraff vnd prelinent

SPE RA FIDE IVSTINE

SPE RA FIDE

그림 5 중세 독일 뉘른베르크 정육업자 길드의 카니발.[4]

적했다. 문장은 문장 착용자의 정치적 이
력과 문장을 담고 있는 예술작품의 역사
를 증명하는 산증인이라는 것도 알게 되
었다. 오늘날 유럽의 고고학과 문헌학 연구
의 귀한 자료로 문장이 활용되고 있다. 문장을 단
순히 '허영'의 산물로 치부할 수 없는 이유가 이
런 데 있다.

넓은 의미에서 문장은 개인과 가족 혹은 공동체
를 나타내는 서구 유럽의 시각 상징이었다. 1000년
이라는 긴 세월 동안 이어져 내려왔지만 아
직까지 사람들은 문장을 보학이나 비
학祕學으로 잘못 알고 있다. 프랑스

의 문장학자 파스투로는 오랫동안 문장을 귀족의 전유물로만 여겼기 때문에 이런 곡해가 생겨났다고 주장한다. 물론 문장은 귀족 계층에 의해 처음 사용되었다. 하지만 영국을 제외한 대부분의 유럽 지역에서 문장은 아래 계층으로 퍼져나가 계급과 상관없이 활용되었다.

그림 5는 1449년에 시작되어 1539년에 끝난 독일 뉘른베르크 정육업자 카니발을 묘사한 것이다. 그림을 보면 이때 평민들도 저마다 개인 문장을 가지고 있었음을 알 수 있다.[5] 장인이나 상인들이 자신이 속한 길드의 문장을 작품이나 제품에 붙이는 것이 당시에는 하나의 의무였다.[6] 이들에게 문장은 홍보를 위해 사용되는 개인의 명함과 같은 것이었다. 글자를 모르는 중세 사람들은 붉은 바탕에 큰 식도가 그려진 문장을 보고 식육업자 가게라는 것을 알아 고기를 사러 갔을 것이다. 원래 뉘른베르크 축제는 정육업자 길드의 카니발이었다. 상인들은 기이하고도 화려한 의상을 입고 폭죽을 터뜨리며 춤을 추었다. 그런데 점점 일반인들이 참여하면서 문란해지자 교회는 축제를 금지한다. 기괴한 복장을 하고 억제된 욕망을 푸는 개개인들이 그들의 심기에 거슬렸던 것이다. 평민들의 단순하고 소박한 문장이 인상적이다.

이처럼 중세 유럽에서는 누구나 문장을 착용할 수 있었다. 13세기 초에는 농민들이 문장을 사용하기도 했다.[7] 그렇지만 대체로 왕과 귀족, 상인과 부유한 장인들처럼 문장의 필요성을 알고 있는 사람들, 특히 경제적 여유를 지닌 계층이 문장을 활용했다. 문장은 사회적 지위와 역할을 드러내는 시각적 수단이었기 때문이다. 상인과 장인들은 자신의 일을 주변에 알려야 사업이 번창할 수 있었다. 왕과 귀족들은 문장이 담고 있는 자기 가문의 역사와 전통을 널리 퍼뜨려야 권력 유지를 정당화할 수 있었다. 중세 문장은 이처럼 현대인의 명함과 같은 역할을 톡톡히 수행했던 것이다.

문장 이전의 문장과 이후의 문장:
독수리 상징

2

그림 6 그리스 보병의 전투를
그려넣은 암포라.

중세 이전에도 전쟁터에서는 문장과 유사한 시각 상징물이 쓰였다. 이를 통칭해 전문장前紋章, preheraldry이라고 부른다. 고대 그리스 병사들은 자신의 방패에 특정 패턴을 넣거나 신화적 인물로 장식했다. 그림 6은 병 위에 묘사된 그리스 보병의 전투 장면이다. 병사들은 자신의 방패를 독수리, 그리핀, 사자, 사람, 닭 등 여러 문양으로 장식했다. 신적인 존재가 자신을 보호해주고 있다는 믿음을 표현한 것이다. 이것은 중세 문장과 형태가 아주 흡사하다. 그러나 중세 문장과 달리 그리스의 방패 그림은 임의로 변경할 수 있었다. 문양도 대를 이어 계승되지 않았다. 방패 소유자의 이름을 방패에 넣는 일이 간혹 있었지만 중세 문장처럼 방패 문양이 곧 신분 증명처럼 인식되지는 않았다.

로마 군인도 전투에서 문장과 유사한 상징을 활용했다. 처음에는 그리스 병사들처럼 개인 혹은 군단마다 다른 문양을 사용했지만 점점 문양이 획일화되어갔다. 기원전 100년경에 군인 출신 집정관 마리우스는 로마 군단의 상징을 독수리로 통일했다. '아퀼라_{Aquila}'라 불린 로마의 독수리는 곧 로마 군대의 표상이 되었다. 전쟁터에는 '아퀼리페르_{Aquilifer}'라고

그림 7 클리브랜드 박물관에 소장된
로마 시대의 독수리.

그림 8 로마 군단의 아퀼라를
현대적으로 재현한 조각.

그림 9 12세기 말부터 사용된
신성로마 제국 황제의
독수리 문장.

하여 아퀼라를 들고 다니는 기수가 따로 있을 정도였다. 누구나 아퀼리페르가 될 수 있는 것도 아니었다. 가장 존경받는 명예로운 병사만이 아퀼라를 들고 있을 수 있었다. 전쟁에서 대승을 거두었다 할지라도 만약 아퀼라를 적진에 두고 돌아왔다면 전투에서 패배한 것보다 더 큰 치욕으로 여겨졌다. 아퀼라를 되찾기 위한 전쟁까지 감행할 정도로 로마 군대에게 독수리는 중요했다. 아퀼라는 로마 제국 자체였다.

고대 그리스 보병들이 사용한 방패 문양과 로마 군단의 아퀼라는 중세 문장의 탄생에 지대한 영향을 미쳤다. 조지프 캠벨Joseph Campbell의 지적처럼 상징에는 에너지를 끌어내고, 이끌고, 작동시키는 힘이 있다.[8] 목숨이 왔다 갔다 하는 전쟁터에서 시각 상징은 미약한 인간이 기댈 수 있는 마지막 의지처가 되었다. 고대 병사들은 방패에 상징을 넣어 적에게는 악령이 되고, 자신에게는 수호천사가 되어주기를 기원했을 것이다.

독수리 상징 아래서 로마 군단은 맹활약을 펼쳤고, 로마 제국의 영토는 끝없이 확장되었다. 독수리는 로마뿐 아니라 로마가 지배하는 모든 나라에서 로마 제국 자체로 인식되었다. 아퀼라는 집단 정체성을 오랫동안 대표했다는 점에서 중세 문장과 비슷한 역할을 했다. 그런 까닭에 로마의 정통성을 계승하고자 했던 중세 신성로마 제국의 황제는 그림 9와

그림 10
대관식에 채택한
나폴레옹 보나파르트
황제의 문장.

그림 11 자크 루이드 다비드가 그린 나폴레옹 황제의 독수리 군기 수여식.

같은 로마 독수리를 문장으로 사용했던 것이다.

문장이 급격하게 쇠퇴하던 시기에도 독수리 문장의 인기만은 여전했다. 19세기 초 프랑스의 나폴레옹은 스스로 황제의 자리에 오르면서 로마의 영광을 재현하고자 했다. 그의 철저한 기획하에 거행된 노트르담 대성당 대관식은 온통 독수리 문장으로 장식되었다. 대관식 사흘 뒤에는 독수리 문장을 군기에 그려 군대에 수여하는 행사를 열기도 했다. 그림 11은 나폴레옹이 다비드에게 의뢰한 독수리 군기 수여식 장면이고, 그림 12는 프랑수아 바롱 제라드가 그린 아퀼라를 든 나폴레옹 황제의 초상이다. 문장 이전의 문장에도 문장 이후의 문장에도 독수리는 영원했다.

그림 12 프랑수아 바롱 제라드가
그린 황제 나폴레옹 보나파르트.

전쟁과 문장

3

문장이 태동한 곳은 축제의 장이 아니라 목숨이 오가는 전쟁터였다. 특히 헤이스팅스 전투와 십자군 전쟁은 문장의 탄생과 깊은 연관이 있다. 11세기를 전후로 전투에서 얼굴을 덮고 턱까지 내려오는 사슬 갑옷이 보편화된다. 이로써 화살이나 창으로 사람의 몸을 찌를 수 없게 되자 승리의 향방은 종잡을 수 없어진다. 그런데 한 가지 큰 문제가 발생한다. 얼굴까지 가리니 전장에서 누가 아군이고 누가 적군인지 구분이 되지 않는 것이었다.

1066년 헤이스팅스 전투를 묘사한 바이외 태피스트리Bayeaux Tapestry는 실제로 이 문제가 얼마나 심각했는지를 잘 보여준다. 이 전투는 프랑스의 노르망디를 지배하던 노르만족 영주 윌리엄이 잉글랜드로 쳐들어간 전쟁이었다. 영국의 참회왕 에드워드가 사망하면서 해럴드를 후계자로 지명하자 윌리엄은 격노했다. 에드워드는 노르만계의 먼 친척인 윌리엄에게 왕

그림 13 바이외 태피스트리에서 투구를 벗은 윌리엄.[10]

위를 물려주겠다고 약속했기 때문이다.

　헤이스팅스 전투를 꼼꼼하게 묘사한 태피스트리에서 병사들은 특정 무늬의 방패를 들고 있다. 이를 근거로 일부 학자는 전쟁이 발발한 1066년을 문장의 기원으로 보기도 한다.[9] 그러나 전체 태피스트리를 비교해보면 한 병사가 다른 전투 장면에서는 동일하지 않은 방패를 들고 있는 게 확인된다. 즉 자신을 드러내는 특정 방패 무늬는 없었다는 뜻이다.

　바이외 태피스트리는 다른 측면에서도 문장 연구의 귀중한 자료로 거론된다. 전투 초기에 윌리엄은 고전을 면치 못했다. 윌리엄이 전사했다는 소문까지 돌아 병사들의 사기는 바닥으로 떨어졌다. 이때 윌리엄은 어려운 결심을 해야 했다. 전투 중 투구를 벗어 자신이 건재함을 입증해야 했던 것이다. 그림 13에서 투구를 벗은 이(왼쪽에서 두 번째)가 바로 윌리엄이다. 전투 중에 투구를 벗는 것은 당시에는 굉장히 몰지각한 행동이었다. 적에게 금세 노출되어 화살을 맞는 참변이 일어날 우려가 있기 때문이다. 기록을 보면 이런 불상사가 실제로도 왕왕 일어났다. 그런데도 윌리엄은 투구를 벗지 않을 수 없었다. 사슬 갑옷 때문이었다.

사슬갑옷은 전투력을 높이는 효과가 뛰어났지만 적군과 아군을 구별하지 못하는 치명적 단점이 있었다. 문장이 출현할 수밖에 없었던 계기를 바이외 태피스트리는 잘 보여주고 있는 것이다. 하루 종일 벌어진 백병전에서 해럴드는 전사하고 부대는 괴멸되었다. 윌리엄은 영국의 왕위에 올라 그해 크리스마스에 웨스트민스터 수도원에서 대관식을 치렀다. 앵글로색슨족의 지배에서 노르만족의 통치로 넘어가면서 전례 없는 변화가 일어났다. 넓은 지역을 효과적으로 다스리기 위해 윌리엄 왕은 지배계층과 고위 성직자 자리에 노르만인을 앉혔다. 20년 뒤 작성된 토지대장에 200여 명의 제후 가운데 앵글로색슨인은 단 두 명밖에 없는 것으로 미루어 권력이 얼마나 빠른 속도로 재편되었는지 알 수 있다. 훗날 영국 사람들은 이 토지대장에 '최후 심판의 날'을 뜻하는 '둠즈데이doomsday'라는 이름을 붙였다. 그러나 헤이스팅스 전투의 패배가 잉글랜드에 불행한 일만은 아니었다. 반세기 가까운 세월 동안 프랑스 출신 왕의 지배를 받는 가운데 영어에 프랑스어가 스며들어 어휘는 더욱 풍부해진다. 또 프랑스 문화가 상류층 중심으로 퍼져나가면서 영국은 처음으로 유럽 문화에 노출된다. 섬나라로 고립되어 살던 영국이 비로소 유럽 문화권의 일부로 편입된 것이다.

문장의 필요성을 전 유럽에 각성시킨 결정적인 사건은 십자군 원정이다. 십자군 전쟁은 이슬람에게 빼앗긴 성지 예루살렘을 탈환하고자 유럽의 전사들이 11세기부터 14세기까지 수차례에 걸쳐 일으킨 싸움이다. 그러나 말이 좋아 전사였지 유럽 여러 나라와 지방에서 모여든 각계각층의 사람들은 오합지졸이나 다를 바 없었다. 전투 대오로 정비하는 것부터가 쉽지 않은 일이었다. 바츨라프 필립Vaclav Filip에 따르면 언어도 통하지 않았던 탓에 이들을 통제하는 수단은 '고함'밖에 없었다. 하지만 실제 전투에서는 이마저 통하지 않았다. 아비규환의 현장에서 고함이 들릴 리 없기 때문이다. 그리하여 두 번째로 강구된 것이 군기였고, 마지막으로 채택된 것이 공통의 문양 문장이었다.[11]

그렇다면 이들은 문장에 사용된 형상을 어디서 가져왔을까? T. R. 데이비스T. R. Davies는 이슬람 병사들의 깃발과 무구에 새겨진 문양으로부터 영향을 받았으리라 추측한다. 사자와 쌍두독수리 같은 이국 동물과 상상 동물은 십자군 전쟁 이전에는 유럽에서 찾아볼 수 없었기 때문이다.[12] 인류 최초의 쌍두독수리 문양이 발견된 곳도 터키에 있는 히타이트 유적지이기에 이런 유추가 무리한 것은 아니다.[13] 폴란드 사학자 T. R. 프린케R. T. Prinke 역시 유럽 문장의 중동 영향설을 지지한다. 프린케는 아랍에서 기원한 연금술이 초기 기독교 상징과 결합하고 중세 동물지의 영향을 받아 유럽 문장을 만들어냈다고 주장한다.[14] 하지만 파스투로 등의 유럽 문장학자들은 이들의 주장에 정확한 근거가 없다며 반론을 펼친다.[15] 유럽 문화권 내부에서 문장의 상징이 발생하고, 그 전통이 오늘날까지 이어졌다는 게 이들의 생각이다.

어느 측 주장이 맞는지는 많은 조사와 연구가 뒤따라야 밝혀질 것이다. 하지만 유럽에서도 문장이 학문으로 연구된 역사는 그리 길지 않다. 우리가 집집마다 족보를 가지고 있으면서도 족보의 내용이 어디까지가 사실이고 어디서부터는 사실과 어긋나는지 연구하지 않듯이 유럽에서도 문장은 오랫동안 온전한 학문의 연구 대상이 되지 못했다. 기록의 축적이었을 뿐이다. 하지만 기록만으로는 상징의 근원을 따질 수 없을뿐더러 상징의 원천과 변천을 따지는 작업 자체도 결코 만만한 일이 아니다. 어디에서 기원해 어디에 영향을 미치고 어떻게 이어졌다고 상세하게 추론하는 것은 불가능에 가까운 일이다. 그렇다고 이런 가능성을 애초에 차단한 채 가깝고 쉬운 데서 답을 찾으려 해서도 안 될 것이다.

중세 유럽 문장과 십자군 전쟁의 영향 관계는 앞으로 더 연구되어야 할 분야다. 200여 년간 지속된 십자군 전쟁은 동양 문화와 서양 문화가 최초로 부딪친 충돌의 장이었기 때문이다. 2차 원정을 전후로 유럽에서 문장이 동시다발적으로 확산된 것은 확실하다. 이런 역사적 사실에 기초해 좀더 신중하게 접근할 필요가 있다. 거시적인 안목과 개방적인 자세로 문장에 접근할 때 문장은 보학이라는 협소한 틀을 벗어나 인류 상징에 관한 보편적 학문으로 확장될 수 있을 것이다.

사유재산을 표시하고
계약의 신뢰를 높이다

4

십자군 원정을 치르면서 특정 문양을 넣은 웃옷surcoat과 방패 문장이 유럽 전역에 확산되었다. 전장의 식별 수단은 점차 봉건 엘리트들이 자신의 통치 범위를 표시하고 봉건적 친분관계를 드러내는 사회적 수단으로 변모해갔다. 단일 문양의 문장 아래 주군은 가신을 불러들였다. 가신은 자신이 섬기기로 맹세한 주군과 동일하거나 비슷한 문장을 착용해 봉건적 질서 속에 안착했다.

　문장은 사유재산 제도와도 밀접한 관련이 있다. 중세의 계약 관계에서 빠지지 않았던 것이 인장이다. 개인용 인장은 남자들의 필수품이었다. 그런데 기존 인장 대신 차츰 문장이 활용되기 시작했다. 군대를 식별하던 문장이 개인 재산을 표시하고 계약의 신뢰를 높여주는 수단으로 활용되면서 문장은 급속도로 퍼져나갔다. 영국의 역사학자 버릴 플랫Beryl Platts은 유럽의 인장 사용 실태에 근거하여 문장이 12세기 중엽에 탄생했다고 주장한다. 1135년과 1155년 사이 잉글랜드, 프랑스, 독일, 스페인, 이탈리아에서 인장 대신 문장을 사용한 사례가 집중적으로 나타나기 때문이다.[16] 이 시기를 전후로 문장은 유럽 전역에서 세대 간 계승이 이뤄졌다.[17] 맏아들은 아버지의 문장을 그대로 이어받았지만 그 외의 자녀들은 자신의 서열을 아버지의 문장에 표시해야 했다. 이를 방계 표시marks of cadency 혹은 방가 표시라고 한다. 방계 표시가 더해지면서 문장 안에 담을 수 있는 혈통에 대한 정보는 더욱 풍부해졌다. 15세기에 이르면 문장은 유럽의 대부분 지역에서 제도적으로 완전히 자리를 잡는다.[18]

그렇다고 문장을 담은 방패가 전투에서 금방 사라진 것은 아니다. 방패 모양이 긴 방패에서 정사각형에 가까운 모양으로 발전하면서 오히려 그 안에 여러 문양을 넣기가 용이해졌다. 먼저 방패 문장에 광범위하게

그림 14 십자군 원정에서 기사들이 방패와 깃발로 자신들이 성스러운 땅을 찾아 떠남을 자랑스럽게 드러내 보이고 있다.

쓰인 것은 기하학적인 문양이었다. 그림 15는 11세기 말에 제작된 상아 체스다. 보병pawn 이 격자무늬 방패를 들고 있는 것으로 보아 동시대 군사들이 이런 모양의 방패를 많이 썼다는 것을 알 수 있다.

추상도형 문장 이후에는 동물과 식물을 담은 구상도형 문장이 활발하게 사용되었다. 서민들의 관심을 받으면서 문양이 다양해지고 사용 폭도 넓어진다. 가구나 옷, 연장처럼 주변에서 볼 수 있는 일반 사물에도 문장이 출현한다. 길드 문장은 직업과 관련된 도구를 문양으로 쓰곤 했다. 현대에도 재현되는 이탈리아의 시에나 길드 페스티벌에서 이런 사실이 확인된다. 재단사 길드는 가위, 로프 제조업 길드는 로프를 문장으로 쓰고 있다.

문장의 디자인 규칙은

그림 15 11세기 말 제작된 상아 체스 중 보병이 격자무늬 방패를 들고 있는 모습.

그림 16 이탈리아 시에나 길드 페스티벌에서 문장으로 표현된 깃발들.

거의 예외 없이 준수되었다. 여섯 가지 기본 색만 허용되었고(자주색을 첨가하기도 함), 바탕이 되는 색과 문양이 되는 색은 엄격하게 구분되었다. 바탕색으로 쓸 수 있는 것은 백색과 황색뿐이었다. 문장 형상은 흔히 상징이나 스토리를 담았고, 색조는 그에 걸맞게 배열되어야 했다. 지역에 따라 편차가 있긴 하지만 문장관의 관리와 감독하에 문장이 통제되었기 때문에 이러한 규칙은 그런대로 잘 지켜졌다.

　문장이 여타 상징과 대별되는 가장 큰 특징은 '계승'된다는 점이었다. 개인의 필요에 의해 상징을 사용하는 경우는 중세 이전에도 있었지만 문장처럼 계승되지는 않았다. 문장 계승은 성씨 체계에도 영향을 주었다. 아버지의 문장을 장자가 받으면서 부계 중심의 성씨 체계가 중세 전반에 걸쳐 확립되었다. 이는 사유재산 제도에도 영향을 주었다. 소유물과 식솔들에게 자신의 문장을 붙이거나 하사하는 관습은 봉건제와 더불어 사유재산 제도의 정착에 크게 기여한 것이다. 문장은 단순한 장식에 그치지 않았다. 중세 1000년 동안 일어난 사회 변화를 반영하고 또 변화를 기획하는 중심에는 늘 문장이 있었다.

최초라는 타이틀

5

그림 17
조프루아 백작의 묘지석에
새겨진 모습.[23]

최초의 문장을 무엇으로 볼 것인가에 대한 논란은 현재진행형이다. 그동안 사학자들은 영국 플랜태저넷가의 원조가 되는 앙주의 조프루아 백작Geoffroy d'Anjou(1113~1151)의 문장을 최초로 여겼다. 무덤 조각상의 조프루아는 장인 헨리 1세로부터 받은 다섯 마리 사자의 방패 문장을 쥐고 있다. 12세기 프랑스의 역사가 장 드 마르망티Jean de Marmentie에 따르면 1127년 기사 서임식에서 조프루아는 이 사자 방패를 받았다. 같은 모양의 사자 문장이 조프루아의 손자 롱제스페William

Longespée, 3rd Earl of Salisbury(1176~1226)의 무덤 조각
상에서도 발견된다.[19] 3대에 걸쳐 계승된 사실이
인정되어 조프루아의 문장은 오랫동안 최초라는
타이틀을 유지했다.[20] 19세기 영국 고고학자 찰스
부텔Charles Boutell에 이어 영국 역사학자 짐 브래
드베리Jim Bradbury, 미국의 미술사학자 존 게이
지John Gage가 모두 이런 입장을 취한다.[21] 그
러나 파스투로는 조프루아의 문장이 최초가
아닐 수 있다고 말한다.[22] 파스투로의 주장을
논하기에 앞서 조프루아에 대해 먼저 알아보자.

앙주의 조프루아를 잘 이해하려면 헤이스팅스
전투 뒤에 이어지는 영국사를 알아야 한다. 전투에
서 승리한 윌리엄은 영국의 윌리엄 1세가 된 후
장남에게 왕위를 물려주려 했다. 그런데 윌리
엄 2세가 사냥 도중에 사망하면서 왕위는 윌
리엄 1세의 막내아들 헨리 1세에게 돌아간다.
헨리 1세는 잉글랜드와 프랑스 노르망디를 모
두 잘 통치하지만 아들을 두지 못했다. 신성로마 제
국의 하인리히 5세와 결혼했다가 과부가 된 외동딸
마틸다가 유일한 자녀였다. 헨리 1세는 마틸다를
잉글랜드로 불러 후계자로 삼고자 한다. 그러나
여자를 왕좌에 앉힐 수 없다는 귀족들의 반대에

그림 18
롱제스페의 무덤 조각상에
새겨진 모습.[24]

그림 19 조프루아 백작과 헨리 1세의 외동딸 마틸다의 결혼식.

부딪혀 프랑스 앙주의 백작 조프루아를 사위로 맞이한다. 그리고 조프루아의 기사 서임식을 직접 주관하면서 파랑 바탕에 다섯 마리의 황금 사자가 그려진 자신의 방패를 하사한다.

1135년 헨리 1세가 사망하자 귀족들은 윌리엄 1세의 외손자, 스티븐을 왕으로 세운다. 마틸다는 군대까지 동원해 전쟁을 일으키지만 다음 왕위는 자신의 아들 헨리 2세에게 물려준다는 조건하에 스티븐과 타협한다. 헨리 2세가 스티븐의 뒤를 이어 무사히 왕이 되면서 잉글랜드 왕가는 조프루아의 별칭인 플랜태저넷 왕가로 불리게 된다.

그러던 중 헨리 2세가 잉글랜드를 통치하면서 기이한 일이 발생한다. 헨리 2세는 루이 7세와 이혼한 프랑스의 알리에노르와 결혼하는데, 그녀는 이혼하면서 친정 부모가 물려준 프랑스 서남부의 아키텐 영지를 되돌

려받는다. 그래서 1154년 헨리가 잉글랜드 왕위에 올랐을 때는 프랑스의 카페 왕조가 다스리는 지역보다 훨씬 더 넓은 프랑스 땅을 소유한 잉글랜드 국왕이 되었다. 외할아버지 윌리엄의 노르망디에 이어 아버지 앙주 백작의 땅, 아내 알리에노르의 영토까지 모두 상속받았기 때문이다. 이런 기현상은 결국 영국과 프랑스 간의 백년전쟁으로 이어진다. 그런데 헨리 2세가 아버지의 다섯 마리 사자 문장을 계승받았는지의 여부는 불분명하다. 조프루아가 장인으로부터 받은 다섯 마리 사자 상징은 장자 헨리 2세가 아니라, 서자인 막내아들 윌리엄 롱제스페에게 계승된 것만은 확실하다.[25]

다섯 마리 사자 상징이 3대에 걸쳐 계승되기 때문에 사학자들은 조프루아의 문장을 최초의 문장이라고 보았다. 그러나 파스투로는 이 같은 해석에 반론을 제기한다. 앙주 백작의 방패가 최초의 문장이 되려면

그림 20 매슈 패리스가 1259년에 쓴 문장 연구서에 소개된 롱제스페의 방패 문장.

그림 21 앙주 백작의 묘지석 방패를 단순화한 그림.

1127년 기사 서임식에서 장인으로부터 받은 방패 모양과 자신의 장례식 때 사용된 방패 모양이 일치해야 한다. 그런데 이 사실을 언급한 『앙주 연대기』는 앙주 백작의 사망 후 25년이나 지난 1175년경에 기록된 것이다. 이런 심각한 시간적 공백은 『앙주 연대기』가 역사적 사실을 그대로 기록했는지 의문을 갖게 한다. 더욱이 앙주 백작이 사망할 때 그의 아내 마틸다(1102~1167)는 자신의 가문이 왕의 적통임을 입증해야 할 처지에 있었다. 사촌 스티븐이 통치를 하고 있어 자기 아들이 왕권을 물려받을지 불확실했기 때문이다. 구두로 약속을 받아두기는 했지만 남편은 죽고 아들은 아직 어린 상태였다. 파스투로는 이런 상황이었기 때문에 『앙주 연대기』는 후대에 미화되었을 가능성이 크다고 본다. 1127년 앙주 백작 조프루아의 기사 서임식에서 백작은 헨리 1세로부터 사자 문장을 받지 않았을 수도 있다는 것이다. 또한 윌리엄 1세부터 플랜태저넷가로 이어지는 왕의 상징은 그림 22에서 보듯이 다섯 마리 사자가 아니라 세 마리 사자라는 것도 계속 걸리는 문제다.[26]

11세기와 12세기 사이 잉글랜드 왕실에서 사자가 상징으로 선호되었다는 점은 분명하다. 여기에는 사자심 왕으로 불릴 정도로 용감했던 리처드 왕Richard I of England(1157~1199)이 십자군 전쟁에 참여해 펼친 활약도 작용했다. 리처드의 인장은 그림 23과 같은 변천을 겪는다.

리처드 왕의 인장에 나타난 방패를 살펴보면 처

그림 22 매슈 패리스의 책에 기록된 윌리엄 1세의 상징.

음에는 아무런 그림도 없다. 두 번째 인장에는 사자 한 마리(두 마리인데 한 마리가 지워졌다고 보는 학자도 있다)가, 마지막 인장에는 사자 세 마리가 나타난다. 마지막 인장의 삼사자 상징은 다음 왕위에 오른 그의 동생 존 왕John, King of England(1166~1216)부터 에드워드 2세Edward II of England(1284~1327)까지 계승되고, 결국 영국 문장으로 정착된다. 앙주 백작 조프루아의 다섯 마리 사자는 승계되지 않았다는 것이다. 파스투로의 반론이 설득력을 얻는 부분이다. 당대의 영국 상징의 변천사는 다음과 같이 유추할 수 있다.

리처드 1세는 1189년에서 1198년까지 10년도 채 안 되는 기간을 통치했다. 그동안에도 십자군 원정에 나서느라 잉글랜드 땅에 오래 있지 못했다. 따라서 국내 영향력이 크지 않았던 리처드의 마지막 인장이 영국 상징이 될 수 있었던 것은 당시 인장의 활발한 유통 상황을 암시한다.

인장의 보편적 사용과 문장의 확산은 밀접한 관련이 있다. 프랫과 파스투로는 공히 1120년과 1150년 사이 잉글랜드에서 이뤄

그림 23
리처드 왕의 인장 변천사.[27]

그림 24 리처드 1세의 상징 변천사.

진 문장 계승은 개인의 착안에서 시작된 것이 아니라 인장의 보편화라는 사회적 현상에서 비롯되었다고 주장한다. 이들의 주장은 문장이 단순한 식별 수단에서 인장과 같이 개인의 존재 증명을 대신하는 신뢰 수단으로 점차 그 의미를 확대하며 발전했음을 시사한다.

이렇게 문장의 발전과 확산은 새로운 사회질서의 대두와 궤를 같이한다. 12세기를 전후해 자녀가 아버지의 성을 따르는 관행이 생겨난 것도 문장과 깊은 관련이 있다. 공동체 내 개인의 지위를 분명히 보여주는 엠블럼으로 자리 잡으면서 문장은 사회질서를 유지하는 시각적 수단으로 점차 발전한다. 여기엔 문장의 상속이 결정적 기여를 했다. 귀족들의 장식과 단순한 허영에 그쳤다면 문장은 사회 변화를 담아내면서 동시에 변화를 이끌어내는 역동적인 역할을 해내지 못했을 것이다.

에드워드 3세, 문장으로 왕위를 요구하다

6

프랑스의 윌리엄이 잉글랜드 왕이 되면서 영국과 프랑스는 애증의 역사를 반복했다. 서로 간의 혼인을 통해 긴장을 풀려 했지만 평화는 오래가지 못했다. 윌리엄의 외증손자 헨리 2세에 이르러 앙주 제국Angevin Empire(또는 플랜태저넷 제국)이 건설되면서 상황은 더 복잡해졌다. 영국 왕이 프랑스 왕보다 더 넓은 영지를 프랑스 안에 갖게 된 것이다. 게다가 헨리 2세는 아들이 장성했는데도 권력을 이양하지 않아 왕자의 난까지 맞이한다. 둘째 아들 리처드가 아버지의 왕좌를 차지할 때 그 배후에는 프랑스가 있었다.

리처드 1세는 왕위에 올랐으나 십자군 전쟁에 몰두하느라 국내 정치를 돌보지 못했다. 뒤를 이은 동생 존 왕은 프랑스 내 잉글랜드 영토를 대거 상실했다. 존 왕의 손자 에드워드 1세가 잠시 정치적 안정을 찾는 듯하더니, 에드워드 2세로 넘어가면서 정국은 다시 혼돈에 빠졌

그림 25 이사벨라 왕비의 가신이었던 로저 모티머(1328~1360)의 손자, 제2대 마치 백작의 초상.
백년전쟁에서 무공을 세워 할아버지가 상실한 작위를 회복했음을 문장으로 보여주고 있다.

049

다. 프랑스 필리프 4세Philippe IV le Bel(1268~1314)의 딸 이사벨라Isabella of France(1295~1358)와 결혼한 에드워드 2세는 아내보다 남자를 더 사랑했다. 이에 왕비도 가만있지 않았다. 동생 샤를 4세의 힘을 빌려 가신 로저 모티머Roger Mortimer, 1st Earl of March(1287~1330)와 함께 정변을 일으켜 남편을 쫓아내고 15세의 어린 아들 에드워드 3세를 옹립한다. 이 사건으로 이사벨라는 '프랑스의 암늑대She-Wolf of France'라는 별명까지 얻는다. 에드워드 3세도 만만한 아들은 아니었다. 어머니의 연인 모티머를 교수형에 처하고 어머니도 수도원에 유폐시킨다. 그리고 외삼촌 샤를 4세가 후사 없이 사망하면서 카페 왕조가 단절되자 자신의 문장을 고쳐 프랑스 왕위를 요구하기에 이른다.

그림 26 에드워드 3세의
집권 초기 문장.

그림 27 에드워드 3세의
어머니 이사벨라의 결혼 문장.

그림 28 에드워드 3세의
집권 후반기 문장.

에드워드 3세는 집권 초기에는 노르만 시대부터 단속적으로 계승된 그림 26과 같은 3사자 문장을 사용했다. 그림 27은 어머니 이사벨라의 문장이다. 프랑스의 왕위 계승 문제가 대두되자 에드워드 3세는 자신

그림 29
1308년 에드워드 3세의
어머니 이사벨라의
대관식 장면.

그림 30
16세기 후반에 그려진
에드워드 3세의 초상.

EDWARDVS   III·

그림 31
에드워드 3세의 아내
에노의 필리파,
1330년 대관식 장면.

의 문장을 그림 28과 같은 문장으로 바꾼다. 어머니가 결혼을 통해 갖게 된 그림 27의 문장을 사분할로 재배치한 것이다. 그는 필리프 4세의 외손자인 까닭에 혈통으로 따지면 프랑스 왕이 될 자격을 지녔다. 하지만 프랑스 의회는 모계 승계를 금하는 살리카 법을 들어 필리프 4세의 조카, 필리프 드 발루아Philip de Valois(1336~1376)를 옹립한다. 발루아 왕조를 개창한 필리프 6세는 에드워드 3세의 부인, '에노의 필리파Philippa of

그림 32 크레시 전투. 프랑스와 잉글랜드의 문장과 장궁이 보인다.
15세기 역사가 장 프루아사르가 쓴 연대기에 나온 삽화.

Hainault'(1310~1369)에게는 외삼촌이 된다. 에드워드 3세는 프랑스 내 영지를 몰수당할 위기에 처하자 백합과 3사자가 사분할된 문장을 갑옷에 걸치고 프랑스로 쳐들어간다.

에드워드 3세는 장남 흑태자 에드워드를 앞세운 공격으로 연전연승을 거두었다. 1346년 크레시 전투에서는 보통 사람은 다루기도 힘든 장궁長弓을 병사들에게 훈련시켜 프랑스군을 전멸시켰다. 장궁은 물푸레나무로 만든 2미터가량의 긴 활이다. 근접전을 예상하고 뛰어든 기사들은 영국군이 쏜 장궁을 맞고 쓰러졌다. 그러나 전쟁 후반에 잔 다르크의 등장으로 전세는 역전되어 영국은 칼레를 제외한 프랑스 내의 영토를 모두 상실한다.

백년전쟁으로 말미암아 중세 사람들은 국가 개념에 대해 눈을 뜨게 되었다. 한편 장궁이라는 신무기가 전쟁터에서 효과를 발휘하면서 근접전에서 승부를 봤던 기사들의 입지는 축소되었다. 그렇다고 기사의 인기가 금방 시들해지지는 않았다. 전쟁터를 벗어난 기사들은 마상 시합장으로 달려갔다.

에드워드 3세는 아내와도 사이가 좋았다. 슬하에 13남매를 두었으며 왕비를 위해 대학까지 세웠다. 옥스퍼드대학교 퀸스 칼리지는 필리파에게 헌정된 학교다. 하지만 아버지와 함께 싸움터를 누비던 큰아들이 사망하면서 에드워드 3세의 집권 후반기는 암울해졌다. 흑태자의 아들 리처드(1367~1400)가 할아버지를 이어 리처드 2세가 되지만 어린 왕 주변의 친척들은 왕권을 노리는 데 혈안이 돼 있었다. 리처드 2세는 삼촌들의 섭정을 받으면서 자기 세력을 구축하려 애썼으나 허사였다. 결국 사촌 랭

그림 33 헨리 4세 대관식. 왕 뒤에 문장이 장식되어 있다.
왕 뒤에 문장이 장식되어 있다.   그림 34 헨리 4세의 문장.

커스터 공작에게 왕위를 찬탈당하고 옥사하면서 영국 내 귀족 간의 싸움
인 장미전쟁이 시작된다.[28] 랭카스터 공작이 헨리 4세(1366~1413)에 오르
면서 그림 34와 같은 문장이 탄생한다.

　프랑스의 3백합이 첨가된 헨리 4세의 문장은 엘리자베스 1세 때까지
영국 왕실을 대표하게 된다. 19세기 초 독일에 뿌리를 둔 하노버 왕가의
조지 3세George III of the United Kingdom(1738~1820)에 이를 때까지 백합은 영
국 문장에서 사라지지 않는다. 500년 가까운 세월 동안 영국 왕실은 프
랑스 왕권에 대한 에드워드 3세의 주장을 잊지 않았던 것이다.

　이렇게 문장은 소유자의 의지를 그대로 반영한다. 엘리자베스 1세
의 뒤를 이어 잉글랜드의 왕이 된 스코틀랜드의 제임스 6세James VI and

그림 35 스코틀랜드 내부에서 사용된
제임스 1세의 문장.

그림 36 스코틀랜드 밖에서 사용된
제임스 1세의 문장.

1(1566~1625)도 마찬가지였다. 그는 스코틀랜드 왕으로 있을 때는 스코틀랜드 사자를 문장으로 썼다. 그리고 1603년 잉글랜드의 제임스 1세로 등극한 후에는 두 개의 문장을 사용했다. 스코틀랜드 내에서는 그림 35의 문장을 썼다. 잉글랜드를 상징하는 문장을 2, 아일랜드를 상징하는 하프는 3에 두고, 스코틀랜드를 상징하는 사자를 1과 4에 두 번 배치하여 아직도 자신이 스코틀랜드의 왕임을 분명히 한다. 그리고 스코틀랜드 밖에서는 그림 36의 문장을 사용했다. 2와 4에 잉글랜드의 문장을 두 번 배치하여 자신이 잉글랜드 왕임을 강조한 것이다.

문장이 소유자의 권리를 강하게 주장하다보니 문제점도 발생했다. 애초에 문장이 지니고 있던 식별 기능이 약화된 것이다. 사고도 빈발했다. 당시 랭카스터 가문과 요크 가문의 상징은 멀리서 보면 잘 구분되지 않

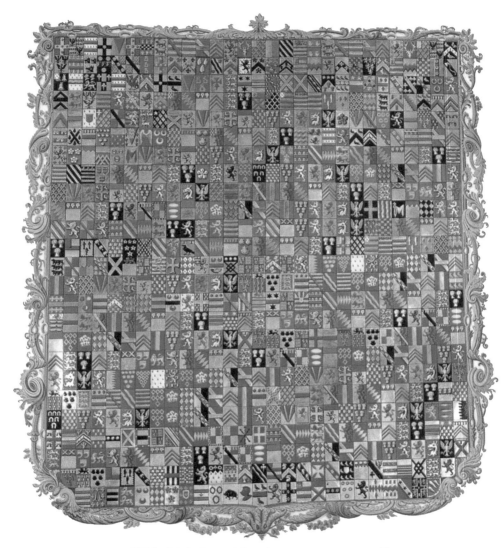

그림 37 영국의 템플-누겐트-브릿지스-찬도스-그레빌 가문의 문장.[29]

왔다. 그러다보니 랭카스터 가문의 옥스퍼드 백작이 자신이 이끄는 군대에 의해 사망하는 불상사가 일어났다. 병사들이 자신의 문장을 요크 가문의 문장으로 오인했던 것이다. 문장의 식별 기능이 쇠퇴했음을 단적으로 보여주는 사건이다.

결혼과 분가까지 표시하게 되면서 문장은 더 복잡해졌다. 그림 37과 같은 조각보 문장까지 나왔다. 이 문장은 영국 귀족이자 정치 명문가인 템플-누겐트-브릿지스-찬도스-그레빌Temple-Nugent-Brydges-Chandos-Greville 가문의 것이다. 719개의 문장을 자세히 들여다보면 그레빌 가문의 역사를 상세히 알 수 있다. 식별 기능은 포기한 채 가문의 긍지를 한껏 내세우고 있다.

마상 창 시합과 문장

7

전쟁터에서 기사의 역할은 쇠퇴했지만, 마상 창 시합에서 중세 기사의 인기는 더욱 높아졌다. 토너먼트도 창을 들고 돌격하는 초기의 패싸움에서 규범과 예의를 갖춘 중세의 엔터테인먼트로 진화했다. 큰 상금도 걸려 있었기 때문에 기사들은 마치 오늘날의 스포츠 선수처럼 경기에 임했다. 이긴 기사는 엄청난 상금과 함께 귀부인들의 관심과 사랑을 한 몸에 받는 중세의 스포츠 스타가 되었다. 누가 더 우아한 동작으로 싸웠는가 하는 예술 점수까지 포함한 걸 보면 그 인기를 짐작하고도 남는다. 최종 승자를 가리기 위해 승자끼리만 계속 맞붙는 경기 방식을 오늘날 '토너먼트'라 칭하게 된 것도 여기서 유래한다. 이때부터 의식이 정교해지고 화려한 장식이 경기에 등장하면서 점점 문장도 기사의 신분을 알리는 지표 이상을 의미하게 되었다.

마상 창 시합은 11세기 중엽 프랑스의 조프루아 남작에 의해 최초로

그림 38 1446년 르네 당주가 출판한 『르네 당주의 마상 창 시합』.[31]

고안된 것으로 알려져 있다.[30] 프랑스에서 특히 인기가 높아 기사들은 프랑스로 달려가 토너먼트를 벌이곤 했다. 경기에서 진 사람의 목숨 값은 이긴 기사의 상금이 되었다. 승리한 기사는 패배한 기사의 갑옷과 무구를 상금 대신 요구하곤 했다. 기사의 갑옷과 무구의 가치가 높았기 때문이다.

경기 내용도 거칠었지만 사람의 목숨에 값을 매긴다는 것이 교회의 마음에 들 리 없었다. 성직자들은 마상 시합을 막으려 했지만 별다른 오락거리가 없던 중세 사람들에게 교회의 금지령은 호소력이 없었다. 그리하

그림 39 르네 당주가 출판한 『르네 당주의 마상 창 시합』 중 일부.

여 12세기에서 16세기 중반까지 마상 시합은 점점 대규모로 활발하게 지속된다. 이때 시합에서 갑옷으로 전신을 가린 기사들을 대신하는 것은 문장이었다.

그림 38은 15세기에 출판된 『르네 당주의 마상 창 시합Tournament Book of René d'Anjou』이란 책이다. 1446년 프로방스 백작인 르네 당주(1409~1480)가 소뮈르에서 마상 창 시합을 개최하고 시인과 화가를 고용해 그 내용을 사실대로 기록한 것이다. 시인은 밝혀져 있지 않지만 화가는 바르텔레미 데이크Barthélemy d'Eyck로 알려져 있다. 3952편의 운문체 서술에 펜과 수채화 물감을 이용한 91개의 삽화를 곁들여 실제 토너먼트에서 문장이

그림 40 르네 당주가 출판한 『르네 당주의 마상 창 시합』 중 여관의 모습.

어떠한 역할을 했는지 생생하게 보여준다.

그림 39는 토너먼트에 앞서 문장, 깃발, 투구가 전시되는 장면이다. 여기서 문장관을 비롯한 관객과 귀부인들이 누가 시합에 참가하는지 가늠할 수 있다. 화려한 깃발과 문장, 무구는 축제 분위기를 한껏 고조시키고 있다.

그림 40은 토너먼트에 참가한 귀족을 따라온 기사들과 종자들이 묵고 있는 근처 여관의 모습이다. 참가 기사들의 문장은 경기가 치러지는 사흘 내내 건물 외벽에 게양되었다. 그림에는 사람들의 모습이 보이지 않지만 오늘날 유럽 축구 리그가 열리는 경기장 분위기가 자연스럽게 연상된다. 시합 전에 미리 경기장에 몰려든 축구 팬들이 자신의 팀을 응원하는 함성과 축제 분위기가 이 그림에서도 느껴진다.

그림 41 어민 문장을 한 브르타뉴 공작.[32]

그림 42 백합 문장을 한 부르봉 공작.

그림 43 마상 시합 직전 양 진영을 오가는
문장관들의 모습.

그림 44 네 명의 심판관에게 문장관이 작은 방패 모양의
심판 문장을 나눠주는 모습.

15세기에 오면 초기 패싸움처럼 진행되던 마상 시합이 엄격한 예절을
갖춘 의례가 된다. 이 책의 첫 부분은 브르타뉴 공작과 부르봉 공작의 토
너먼트를 상술하고 있다. 그림 41은 브르타뉴 공작이 문장관에게 자신의
칼을 주며 전투 의사를 전하는 장면이다. 그림 42는 문장관이 주군의 칼
을 부르봉 공작에게 주며 메시지를 전달하고 있는 장면이다.[33]

그림 43에서 브르타뉴 공작의 문장관은 부르봉 공작에게 토너먼트 심
판들의 문장을 보여주며 심판관을 직접 선택하게 하고 있다. 그림 44는
선택받은 네 명의 심판관에게 문장관이 작은 방패 모양의 심판 문장을
나눠주고 있는 모습이다.

복잡한 의례와 절차를 거쳐 마침내 그림 45와 같이 두 공작의 결투가

그림 45 『르네 당주의 마상 창 시합』 중 브르타뉴 공작과 부르봉 공작의 결투.

그림 46 『르네 당주의 마상 창 시합』 중 두 패로 나뉘어 치르는 토너먼트.

벌어진다. 기사만 갑옷 위에 문장을 착용한 것이 아니었다. 기사가 타고 있는 말도 온몸에 문장을 감싸고 있다. 관람자에게 이 싸움은 사람과 사람의 결투가 아니라 문장과 문장의 대결로 보였을지도 모른다.

두 기사가 맞대결을 하기도 했지만 그림 46처럼 여러 기사가 두 패로 나뉘어 엉켜 붙어 싸우는 경기도 있었다. 이때 상단부에 위치한 파란색 박스에는 심판관들이 앉아 있다. 그 맞은편에서는 귀부인들이 경기를 관람하고 있다. 심판관들이 앉은 자리 앞에서는 각 심판관의 문장이 있고, 그 위에는 현재 싸우고 있는 두 가문의 문장이 있다. 여기서는 왼편에 브르타뉴 백작의 문장, 오른편에는 부르봉 백작의 문장이 있다. 싸우는 기사들도 주군의 문장을 착용하고, 주군의 깃발을 들고 있다.[34]

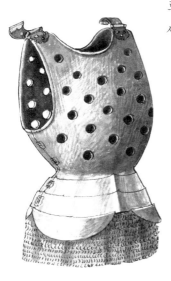

르네의 책은 당대 마상 창 시합의 전개과정을 상세히 보여준다. 여기서 알 수 있는 것은 기사들이 저마다 닦아온 무예를 겨루는 토너먼트는 오늘날 월드컵 축구와 유럽 축구 같은 인기를 누렸다는 점이다. 자국을 상징하는 엠블럼을 가슴에 달고 뛰는 선수들과 그 선수들을 응원하는 21세기 관중의 모습은 중세 기사들의 토너먼트에서도 찾아볼 수 있다. 문장이 20세기에 들어와 스포츠 엠블럼과 불가분의 관계를 맺게 된 것은 결코 우연이 아니다.

문장, 교회의 창惑을 만나다

8

교회는 처음에 세속의 언어로 가득 찬 문장을 혐오했다. 하느님의 나라보다 속세의 성공을 기리는 문장이 좋아 보일 리 없었다. 교회가 규정한 '일곱 가지 죄악' 중 문장은 '교만'의 죄를 짓고 있었다. 문장이 나부끼는 떠들썩하고 거친 마상 창 시합도 교회의 부정적인 시각을 키웠다.

하지만 14세기가 되면서 교회는 문장의 지지 세력으로 돌아선다. 13세기 고딕 건축 양식의 발전으로 교회 창문은 더 높아졌다. 스테인드글라스가 창문을 수놓으면서 빛의 성소로 변한 교회 안으로 문장이 들어왔다. 성당의 바닥과 벽, 창과 천장, 공헌 예물과 사제 의복에까지 문장이 나타나기 시작했다. 교회는 흡사 문장의 전시실이나 문장의 박물관처럼 변해갔다. 중세 후기와 바로크 시대에 오면 문장은 독자적으로 종교적 역할까지 수행한다. 교회 창문은 글씨를 모르는 평신도들에게 신앙을 가르치는 칠판이었다. 교황과 성인의 업적뿐만 아니라 성스러움의 신비를 가

그림 47 프랑스 샤르트르 대성당의
스테인드글라스 백합 문장과 장미창.

르치는 데 문장은 큰 도움이 되었다. 특히 백합은 교회가 사랑하는 상징
이었다. 샤르트르 대성당의 백합 스테인드글라스가 자아내는 빛의 향연
은 보는 이를 압도한다. 어떤 위대한 성자의 강론보다 웅변적이라는 것을
사제들도 알게 되었다.

성직자만 이를 알아본 게 아니었다. 곧 프랑스 카페 왕조는 백합을 왕
실의 문장으로 선포했다. 그 전까지 백합은 프랑스에서 아주 평범한 문
양에 지나지 않았다.[35] 윌리엄과 함께 잉글랜드 정복에 참여했다가 다시
프랑스로 돌아온 투아르 자작 애이머리Aimeri, Viscount of Thouars(1024~1094)
도 일찍이 백합 인장을 사용했다. 10세기부터 동전과 인장, 홀 장식에 백
합은 자주 등장했다. 백합이 왕권과 분명한 연관을 갖게 된 것은 필립
2세(1180~1214)의 인장에서다.[36] 샤를 5세가 지배하던 1376년에 백합이
정식 프랑스 국왕의 문장이 되지만 그 이전인 13세기 초부터 백합은 프
랑스 왕실의 상징이었다.

그림 48은 필리프 2세Philippe II de
France(1165~1223)의 인장의 인쇄본이
다. 오른손에 백합 한 송이를 들고
있다. 그림 49는 생트 샤펠 성당에
있는 필립 2세의 손자인 루이 9세
Louis IX(1214~1270)의 스테인드글라
스다. 그는 성왕聖王, Saint Louis으로 불
릴 정도로 신앙심이 깊었고, 훗날 성인으
로 시성되었다. 그림 50은 루이 9세와 결

그림 48 프랑스
필리프 2세의 인장(1180).

그림 49 파리의 생트 샤펠 성당에 있는
루이 9세의 스테인드글라스.

그림 50 루이 9세의 아내 프로방스 백작의
첫째 딸 마르그리트.

흔한 프로방스 백작의 첫째 딸 마르그리트Marguerite de Provence다. 푸른 바탕에 금색 백합을 수놓은 가운을 걸쳐 자신이 프랑스의 왕비임을 나타내고 있다.

이렇게 평범한 프랑스의 상징이던 백합은 교회의 스테인드글라스를 만나면서 종교적 의미를 덧입게 되었고, 자연스럽게 왕실 문장으로 정착했다. 동물 문장이 선호되는 서양에서 백합처럼 식물 문장이 사랑받는 경우는 극히 드물다. 백합이 삼위일체의 숭고한 의미를 부각시켜주는 디자

그림 51 문장으로 빼곡한 성 윌프레드 교회

인적 요소를 지니고 있기에 가능한 일이었다. 스테인드글라스의 세 잎 백합이 발산하는 빛을 보면서 중세 신도들은 삼위일체의 신비를 체험했을 것이다. 그런 연유로 백합은 문장에 그치지 않고 영국 버킹검 궁전의 대문도 장식하게 되었다. 이처럼 건축물에 널리 응용되어 오늘날까지 사랑받고 있다.

백합을 위시한 문장들은 중세 후기에 접어들면서 교회 창문을 차지하게 된다. 교황과 왕

실의 문장, 교회와 관련된 성직자와 신도들의 문장이 교회를 빼곡하게 장식했다. 16세기의 종교 전쟁도 문장의 열기를 꺾지는 못했다. 이미지가 세속적으로 재현되는 것에 반대했던 프로테스탄트들도 문장에는 손을 대지 않았다. 덕분에 교회 창을 보면 중세 후기에서 근대 초기에 이르는 문장의 변천사를 가늠할 수 있다.

그림 52 브리스톨 성당 안의
헨리 8세 문장.[37]

그림 53 샤르트르 대성당의 제빵업자 길드가 표현된
스테인드글라스.[38]

그림 51은 성당과 연관된 귀족 문장으로 장식된 성 윌프레드 교회이고, 그림 52는 영국 브리스톨 대성당 안에 있는 헨리 8세의 문장이다. 종교의 세속화를 잘 보여주는 스테인드글라스라 할 수 있다.

샤르트르 성당 스테인드글라스는 성당 건축에 기여한 지역 길드를 기록하고 있다. 바퀴 제조업자, 모피 가공업자, 구두 제조업자, 생선 판매상, 약재상 등 다양한 길드에 속한 사람들이 일하는 모습이 나타나 있다. 그림 53은 이 가운데 제빵업자 길드가 표현된 부분이다. 그림 54는 생트 샤펠 성당의 스테인드글라스다. 프랑스 혁명을 거치면서 대부분의 성당 스테인드글라스가 파괴되었는데, 이 성당만 살아남았다. 대혁명 기간에 밀가루 창고로 사용되었기 때문이다. 그림 55는 샤르트르 성당의 장미창이다. 성모 마리아의 영광을 표현하고 있는 이 장미창은 루이 9세의 어머니 블랑슈 드 카스티유Blanche de Castille(1188~1252)에게 헌정된 것이다. 십자군 원정에 나간 남편이 전사하자 왕비는 어린 아들을 대신해 오랫동안 섭정했다. 덕분에 아들과 함께 장미창을 차지하고 있다. 루이 9세의 백합

그림 54 생트 샤펠 성당의 스테인드글라스[39]

그림 55 샤르트르 성당의
북쪽 장미창.

문장은 파란색 바탕으로, 어머니 블랑슈의 문장은 카스티유 문장인 빨간
색 바탕으로 표현되어 있다. 이 성당을 건축한 루이 9세는 성모 마리아와
예수의 일대기를 담은 스테인드글라스에 자신과 어머니의 문장을 삽입
하여 성스러움에 대한 소망을 표현했다. 교회 창을 만나면서 문장은 본
래의 세속적 의미에 성스러움을 더하게 된 것이다.

문장의 확산:
장례, 결혼, 상품

9

세속의 성공에 하늘의 영광까지 덧입혀지면서 문장은 인장의 법적 효력을 대신하게 되었고, 결혼과 장례와 같은 의식은 물론이고 상품에도 등장하게 된다. 문서에 신뢰감을 부여했을 뿐만 아니라, 결혼과 장례식에 위엄을 더하기도 했던 것이다. 나아가 상품에 스며들어 새로운 의미를 기념하기도 했다. 이런 바람을 타고 13세기 초에 이르면 영국에서만 1500여 개의 문장이 사용된다.

파스투로는 통계에 기초해 시대에 따른 문장 선호 계층을 분석했다. 그에 따르면 1180년을 전후로 여성들의 문장 사용이 다른 집단에 비해 높았으며, 1200년에 들어서는 성직자들이, 1220년에는 귀족들의 문장 이용이 대폭 증가했다. 1230년에는 장인들이, 1240년에는 길드가 문장을 집중적으로 이용하기 시작했다. 13세기 말과 14세기 초가 되면 도시와 종교 단체의 문장 사용량이 늘어나고, 노르망디와 플랑드르 같은 지역에서는 농민도 문장을 사용하기 시작한다.[40] 이 통계를 보면 문장이 권위와 장식의 기능에서 실용적 기능으로 변모해갔음을 알 수 있다. 게다가 프랑스에만 나타나는 특이한 현상도 있었다. 왕보다 귀족들이 문장을 먼저 사용했다는 점이다. 앞서 언급한 것처럼 백합을 문장으로 사용한 것도 귀족이 먼저였다. 중세 중기까지 프랑스의 왕권이 다른 유럽 지역보다 약했음을 유추할 수 있는 대목이다.

　13세기를 기점으로 남성 인장에 이어 여성 인장도 나타나기 시작한다. 프랑스도 예외는 아니었다. 인장의 확산은 문장의 확산으로 이어진다. 인장이 법적 효력을 지니게 되면서 문장도 계층을 초월해 급속히 확산된다. 기존에 독자적인 인장을 지니고 있던 사람들도 귀족의 관행에 따라 인장에 문장을 넣기 시작한다. 그 결과 인장의 3분의 2는 문장과 같거나 그와 흡사한 형태를 취하게 된다.

그림 56 루이 11세의 시종장 필리프 포의 장례 행렬.

그림 57 필리프 포(루브르 박물관 소장).

중세 문장은 특정 장소에서 출발한 것이 아니다. 서구 유럽 전역에서 비슷한 시기에 동시다발적으로 나타나 퍼져갔다. 프랑스 중부 루아르강과 독일 라인강 사이, 잉글랜드와 스위스, 그리고 북이탈리아에서 비슷한 시기에 발생해 이웃 나라로 확산되었다. 14세기 초까지 서구 전역으로 뻗어나가던 문장은 이후에는 동방정교회 국가까지 확산된다. 12세기 말 사회적 양식으로 자리 잡을 때는 단순한 기하학 문양이 선호되었지만, 점차 영웅, 전설적 인물, 신화적 존재와 같은 상상 인물을 담게 되었다. 문장을 보는 이가 느끼는 시각적 효과는 커지고 상징적 기능은 강화된 것이다. 상징이 강해지면서 사회적 영향력은 더 커졌다. 물건, 천, 의상, 예술작품, 기념물과 같은 일상적인 주변 사물에도 문장이 등장하기 시작

그림 58 1422년 프랑스의 샤를 6세 장례식 장면. 칼, 투구, 방배, 의복 등 온통 백합 문장이 새겨져 있다.

그림 59 1603년 잉글랜드에서 치러진 엘리자베스 1세의 장례식 장면.
여왕의 선조들의 문장이 새겨진 깃발을 든 채 행렬이 뒤따르고 있다.

한다. 장식적 기능은 물론 소유권과 소유자의 정체성까지 드러내게 된 것이다.

중세 말 문장은 삶과 죽음에 더 가까이 다가섰다. 결혼식과 장례식에 는 으레 문장이 등장했다. 그림 56은 부르고뉴 공작 필리프 포Philippe Pot, grand sénéchal de Bourgogne(1428~1493)의 장례 행렬을 묘사한 것이다. 포는 로마 가톨릭교를 수호하고 기사도의 전통적 관례를 지키기 위한 목적으 로 세워진 황금양모기사단의 기사였으며, 철저하게 중세적인 귀족이었다.

검은 옷을 입고 운구하는 사람들은 모두 부르고뉴 가문의 문장을 착용 하고 있다. 공작도 문장으로 장식된 기사복을 입고 긴 칼을 차고 있다. 두 손 모아 기도를 하고 있으며 발치에는 사자 한 마리가 웅크리고 있다. 운 구 행렬과 의복은 그가 귀족이자 기사임을 나타낸다. 사자는 왕의 충성스 런 신하임을 표현한다. 원래 부르고뉴 지방의 노트르담 드 시토 수도원 내 의 세례자 성 요한 교회에 있던 것을 지금은 루브르박물관이 소장하고 있 다. 부르고뉴 공작 필리프 포의 장례식에서 중세 유럽의 귀족들이 죽음을 받아들이는 방식을 유추할 수 있다. 왕의 보호와 가문의 울타리 안에서 하느님을 받들며 명예롭게 살다 가는 것이 이들의 꿈이었을 것이다.

중세의 결혼식은 가문의 역사를 자랑하고 위엄을 드러내는 중요한 의 례였다. 가문과 가문의 결합에 문장이 빠질 수 없었다. 그림 60은 솔즈베 리 백작 토머스 몬태규Thomas Montacute, 4th Earl of Salisbury(1388~1428)와 엘 리너 홀랜드Eleanor Holland의 결혼을 묘사한 그림이다. 토머스 몬태규의 문 장은 왕실과 같은 3사자 문장이다. 그런데 결혼 당시 몬태규의 상황은 몹 시 열악했다. 그의 아버지 3대 솔즈베리 백작이 헨리 4세 암살을 공모했

그림 60 샐즈베리 백작 토머스
몬태규의 결혼식 그림.[41]

그림 61 샐즈베리 백작 부인
엘리너의 친정 문장.

다는 이유로 처형당하고 영지도 몰수당했다. 몬태규는 켄트 백작의 딸인 엘리너와 결혼해 명예를 얻고 영지를 회복해야 했다. 그림 61은 엘리너의 친정 가문 토머스 홀랜드 제2대 켄트 백작의 문장이다.

이런 사전 지식을 가지고 그림을 다시 보면 두 사람의 결혼이 갖는 의미를 유추할 수 있다. 갑옷을 입은 신랑은 결혼 가운을 입은 신부가 도망가지 않도록 혼인의 사슬로 묶고 있다. 그 옆에 얌전히 서 있는 신부는 남편 집안의 문장과 친정아버지의 문장이 반씩 수놓인 결혼 가운을 걸치고 있다. 결혼이 가문과 가문의 결합임을 분명히 보여주는 것이다. 반면 몬태규가 입은 갑옷 흉곽에는 신부 집안의 문장만 있다. 결혼으로 신부 집안으로부터 많은 재산과 권리를 얻게 되었음을 보여준다. 이처럼 결혼 문장 하나에도 스토리가 담겨 있다. 신부는 권력을, 신랑은 재산을 얻는 결합임을 이 결혼 문장은 암시하고 있다.

계약에 따라다니는 인장은 문장의 확산에 영향을 주었다고 앞서 언급했다. 하지만 16세기가 되면서 인장은 점차 사라지고, 서명과 공증이 이를 대신했다. 하지만 인장의 쇠퇴가 문장의 쇠퇴로 이어지지는 않았다. 인장을 대신하던 문장은 다양한 형태의 예술에 접목되어 여태까지와는 전혀 다른 길을 걷게 된다. 예술가들은 문장을 작품 소재로 끌어들이고, 기업가들은 기업 로고에 활용하기 시작했다.

그림 62 교황 율리우스 2세가
주문한 것으로 보이는 세라믹 도자기.

그림 63 이탈리아의 세라믹 도자기.
16세기 중반(1525~1545).[42]

그림 62과 그림 63은 교황 율리우스 2세가 제작을 의뢰해 만든 그릇으로, 둘 다 교황의 가문인 델라 로베레della Rovere가의 문장인 참나무를 소재로 한다. 그림 62에서 참나무는 접시 중앙에, 그림 63에서 참나무는 중앙만 빼고 접시 전체에 나타난다. 그림 62는 율리우스 2세가 1506년 볼로냐에서 로마 교황 통치를 회복하게 되었음을 기념해 제작한 접시다. 중앙의 참나무 위에 있는 열쇠와 티아라는 로마 교황의 권위를 나타낸다. 이 도자기는 율리우스가 그의 지지자인 볼로냐 사절 멜키오레 디 조르지오 맨졸리Melchiorre di Giorgio Manzoli를 위해 의뢰한 것으로 추정된다. 왜냐하면 참나무 아래에 맨졸리의 문장이 나오기 때문이다.[43] 그림 62는 율리우스 2세의 가문 문장인 참나무를 디자인에 활용한 작품이다.[44] 두 작품은 16세기 중반을 기점으로 문장이 예술품에 접목되어 발전하는 과정을 잘 보여준다.

율리우스 2세의 문장이 사용된 접시가 상품과 예술품의 중간에 위치한다면, 알브레히트 뒤러의 문장이 나오는 판화는 온전히 예술품에 속한다. 16세기 뉘른베르크 출신의 화가 뒤러는 개성적인 작품으로 오늘날에도 많은 관심을 받고 있다. 그림 64의 목판화는 1503년에 발표한 작품으로 죽음을 문장으로 구현하고 있다.

율리우스 2세의 접시와 달리 이 작품에서는 특정 가문의 문장이 나오지 않는다. 그러나 판화 속 남자가 들고 있는 투구와 방패는 이 작품이 문장과 무관하지 않음을 드러낸다. 민담에나 나올 법한 야성적인 남자는 신부복을 입은 젊은 여성을 유혹하고 있다. 남자가 들고 있는 해골바가지 방패는 양날개와 투구로 장식되어 있다. 문장의 서포터 역할을 하고 있

그림 64 알브레히트 뒤러가 1503년에 제작한 목판화.[45]

는 것이다. 뒤러의 판화는 죽음이 삶의 절정기에 있는 젊은 신부도 데려가는 무서운 힘이라는 것을 보여주고 있다. 당대에 대한 화가의 반응이라고 봐도 무리가 없다.

이처럼 16세기에 접어들면 일상용품뿐만 아니라 회화에서도 문장은 강력한 은유로 작동한다. 르네상스를 거치며 문장이 새로운 영역으로 변화·발전하는 단계에서 이러한 작품이 나왔다는 것은 많은 생각거리를 던져준다.

신대륙의 발견과 문장

10

16세기 유럽은 신항로 탐험과 신대륙 발견의 시대였다. 미지의 땅 아메리카와 아프리카, 아시아는 깃발만 꽂으면 자신의 땅이 되리라는 믿음을 안겨주었다. 선봉에 선 스페인과 포르투갈은 세계지도를 펼쳐놓고 땅따먹기 게임을 했다. 세로로 이등분, 가로로 이등분해서 갖고 싶은 땅을 문장으로 표시했다. 1573년 이들의 야심을 포르투갈 화가 도밍고 테이세이라는 세계지도로 옮겼다.

그림 65는 스페인과 포르투갈 두 나라 사이에 체결된 조약을 반영한 지도다. 16세기 스페인과 포르투갈은 세계 영토를 놓고 싸우면서 서로 한 발짝도 물러나지 않았다. 이에 교황이 직접 중재에 나섰다. 1494년 토르데시야스 조약과 1529년 사라고사 조약을 통해 대서양 한가운데를 경선으로 나눠 새로 발견된 땅의 서쪽은 스페인이, 동쪽은 포르투갈이 갖는 것으로 합의를 보았다. 지금의 관점에서는 어이없는 일이지만 두 나

그림 65 16세기에 도밍고 테이세이라가 문장으로 그린 세계지도.

라는 꽤 진지했던 것 같다. 도밍고 테이세이라의 지도는 이들의 합의 내용을 양피지에 지도로 옮긴 것이다. 브라질을 기점으로 오른쪽과 왼쪽에 각각 포르투갈과 스페인의 왕실 및 도시 문장이 나타나는 것을 볼 수 있다. 당시 스페인은 아라곤의 페르난도 2세가 신대륙 탐험을 주선했다.

　네덜란드, 영국, 프랑스 등 후발 국가들이 식민지 경쟁에 뛰어들면서 세계는 스페인과 포르투갈의 의지대로 재편되지 않았다. 그런데 만약 양국의 야망이 실현되었다면 우리나라를 비롯한 동아시아는 지금 포르투갈어를 쓰고 있을 것이다. 씁쓸한 일이다. 하지만 제국주의의 야욕을 보여주는 이 지도는 문장의 변천이라는 측면에서 많은 것을 암시한다. 16세기에 문장은 가문과 왕실의 권위를 의미하는 데서 발전해 국가와 국가의 권력까지 포괄하게 되었던 것이다. 우리가 국가의 상징으로 떠올리는 국기의 역할을 16세기 문장이 이미 하고 있었다. 오늘날 스페인과 포르투갈 국기가 그 나라 왕실 문장을 그대로 담고 있는 것도 우연은 아니다.

프랑스 혁명과 문장의 쇠퇴

11

프랑스인들에게 문장은 귀족이란 계급과 사치로 읽혔다. 스페인과 포르투갈처럼 프랑스에서는 문장이 국기로 발전하지 않았다. 오히려 그 반대였다. 문장은 절대 국기가 되어서는 안 되는 것이었다. 이런 생각은 프랑스 대혁명에 뿌리를 두고 있다.

1696년 11월 프랑스의 태양왕 루이 14세는 국내에 사용되는 모든 문장의 목록을 작성하라고 명한다. 이 칙령으로 말미암아 프랑스는 매년 『문장총람armorial general』을 발행하게 된다. 영국처럼 문장의 바람직한 사용을 장려하려고 펼친 정책은 아니었다. 왕실이 목표로 한 것은 세금 징수였다. 무리한 궁전 건축, 독일과의 전쟁에서 패하면서 물게 된 배상금으로 국고는 텅 비어 있었다. 귀족과 평민, 개인과 공동체 할 것 없이 문장을 이용하는 사람이나 기관이라면 무조건 세금을 내도록 했다. 액수도 적지 않았다. 개인에게 20프랑을 과세하고, 문장을 바꿔 재등록할 때도

그림 66 프랑스의 『문장총람』.⁴⁶

다시 세금을 내게 했다.

하지만 세금을 내지 않으면 벌금을 물린다는 엄포에도 불구하고 국가에 등록되는 문장은 많지 않았다. 왕은 문장을 사용할 것으로 예측되는 모든 개인과 조직의 명부를 작성하라고 명령했다. 문장을 착용하지도 않던 개인과 단체가 문장 등록을 재촉받으면서 시급하게 문장이 만들어지는 상황도 생겨났다. 이름을 이용해 문장을 만드는 '캔팅 문장'이 이때 우후죽순 생겨났다. 파스투로는 캔팅 문장이 현존하는 문장의 20퍼센트를 차지하게 된 배경을 루이 14세의 『문장총람』에서 찾고 있다.

『문장총람』은 1580년대에 작성되기 시작해 16세기와 17세기에 수정되고 증보되었다. 하지만 『문장총람』에 있다고 해서 귀족이라는 증거는 아니다. 『문장총람』은 애초에 문장 착용자의 계급을 제한하고자 하는 의도에서 나온 것이 아니기 때문이다. 루이 14세의 『문장총람』 발행은 프랑스인들이 문장을 귀족의 전유물로만 보게 하는 부작용을 낳았다. 이제까지 살펴보았듯 문장은 귀족의 사랑을 받기는 했지만 일반적인 중세 사람들의 명함 역할도 톡톡히 해냈다. 그 자체에 역사와 이야기를 담고 있었던 것이다. 그런데 18세기 초부터 프랑스에서 문장은 곧 귀족의 표시가 되었다.

이 때문에 1790년 프랑스 혁명 중 제헌국민의회는 문장을 봉건의 잔재로 규정하고 폐지할 것을 주장했다.[47] 1791년과 1792년에 동산이나 부동산의 문장, 공적인 문장과 사적인 문장 상관없이 모두 폐기하라고 명령한다. 어기면 무거운 벌금을 물렸다. 예술작품과 관련된 문장은 박물관이나 창고로 보내야 했고, 개인 문장은 태워 없애야 했다. 도자기나 은그릇에 새겨진 문장은 긁어내야 했고, 문에 붙은 문장은 떼어내야 했다. 책에 있는 것이라면 그 페이지를 찢어내야 했다. 왕실 문장도 예외는 아니었다. 루이를 나타내는 글자 L과 백합이 장식되었다는 이유로 파리의 성 샤펠 성당 첨탑은 철저히 파괴되었다. 왕실을 나타내던 백합 대신 '수탉'이 새로운 국가 상징으로 부상했다. 유럽의 문장이 일상생활에 생기를 불어넣는 시각적 코드로 발전하던 와중에 프랑스에서 문장은 과거의 산물로 규정되고 파괴되었다.

프랑스 혁명 중 탄생한 프랑스 제1공화국은 "자유, 평등, 박애가 아니면 죽음을 달라"는 모토를 내걸고 닭을 상징으로 내세운다. 사실 닭le coq은 고대부터 프랑스의 상징이었으나 중세에 들어와 왕실의 '백합'에 밀려났다. 프랑스 혁명은 죽은 닭을 부활시켰다. 『문장총람』의 발행과 더불어 시민들에게 문장은 곧 귀족을 의미하게 되면서 일어난 현상이었다.

그림 67 프랑스 엘리제궁의 대문에 있는 수탉.

19세기 초 유럽을 통일한 나폴레옹이 닭 대신 독수리를 상징으로 내세웠지만 국민의 지지를 받지는 못했다. 20세기에 세계대전을 겪을 때도 프랑스의 애국심을 이끌어낸 것은 '닭'이었다. 닭은 프랑스인의

용기를 나타내는 상징이 되어 전사자 위령비에 새겨지고, 대통령이 있는 엘리제궁 대문도 수놓게 된다. 현재 프랑스 축구 대표팀의 심벌이 닭인 것도 이러한 국민 정서에 뿌리를 두고 있다.

프랑스 혁명이 문장 쇠퇴의 유일한 원인은 아니었다. 18세기 중엽에 이미 암호, 모노그램, 배지, 제복 등 문장을 대체할 만한 새로운 엠블럼들이 속속 등장했다. 나폴레옹이 문장을 복구했을 때도 프랑스에서 문장은 과거의 위력을 지니고 있지 못했다. 영국과 벨기에, 네덜란드처럼 프랑스가 왕실을 유지하는 것도 아니어서 프랑스에서는 문장이 발전할 이유가 없었다.

그림 68 프랑스 혁명을 상징하는 닭벼슬[48].

하지만 영국은 다르다. 1484년에 설립된 문장원은 여전히 그 자리에서 과거의 역할을 하며 문장을 강하게 통제하고 있다. 엘리자베스 2세의 대관식을 비롯한 왕실 행사에서 문장은 명예로운 자리를 차지하고 있다. 오늘날 개인 문장은 스칸디나비아, 스코틀랜드, 스위스에서 많이 쓰이고 있다. 그 뒤를 잇는 나라는 영국과 독일, 중부 유럽이다. 프랑스와 남부 유럽에서는 개인 문장이 거의 쓰이

그림 69 영국의 문장관들.

지 않고 있다.

18세기 이후 문장은 힘을 잃어갔지만 다른 상징체계에 영향을 미쳐 오늘날에도 강력한 힘을 행사하고 있다. 이는 문장의 쇠퇴가 아니라 문장의 확산과 변용이라고 봐야 할 것이다. 문장의 역사는 현재진행형이다.

유럽의 지역별 문장의 특성

12

유럽 문장은 서로 비슷한 시기, 유사한 상황에서 출발했으나 점점 지역적 차이를 보이며 퍼져나간다. 지역에 따라 문장은 네 가지로 구분된다. 게르만-노르딕German-Nordic, 갈리아-브리티시Gallo-British, 라틴Latin과 동유럽-러시아Eastern & Russian 스타일이다.

게르만-노르딕 스타일

독일, 스칸디나비아 국가들, 에스토니아. 라트비아, 체코와 북부 스위스가 여기에 속한다. 이 지역의 문장은 역사적 변화를 거의 보이지 않는다. 그림 70은 게르만-노르딕 스타일을 잘 보여주는 독일 엘로트Ellrodt 가문의 문장이다. 크레스트를 세 개나 쓰고 있는 것에서 알 수 있듯 이 지

역 문장의 특징은 크레스트가 발달했
다는 점이다. 모피색을 거의 사용하지
않으며, 장자와 차자를 구분하는 방계
표시도 하지 않았다. 두 가문 이상이
합쳐지는 경우 이분합성을 다른 지역
보다 더 자주 썼으며 상상 동물도 문
장에 훨씬 더 흔하게 나타난다. 이분합
성을 하면 반쪽 문장과 반쪽 문장이
결합해 아주 이상하고 새로운 형태의
문장이 만들어진다. 이런 점을 버거워

그림 70 독일 엘로트 가문의 문장.

하지 않았다는 것과 문장에서 상상 동물을 선호했다는 점은 독일과 북
유럽 사람들의 정서와 무관해 보이지 않는다. 그림 형제와 안데르센, 토
베 얀손과 같은 매혹적인 동화작가를 배출한 배경으로 북유럽 신화와
함께 이 지역 문장도 고려해봄 직하다.

갈리아-브리티시 스타일

　프랑스와 영국의 문장을 가리킨다. 두 나라의 문장은 비슷한 점이 아
주 많다. 게르만-노르딕 지역과 달리 이 지역 문장에서는 결혼으로 두
문장이 합쳐질 때 완전한 문장을 방패 하나에 합치는 완전합성(임페일먼
트 방식)이 선호된다. 그림 71의 프랑스 샤를 4세, 당주 백작Charles IV, Duke

of Anjou(1446~1481)의 문장이 완전합성 방식이다. 아버지 루이 2세와 어머니 욜란다 데 아라곤의 문장이 4분합성과 액자형 합성 방식을 취하고 있다. 이런 경우 이분합성처럼 전혀 새로운 문장으로 보이지는 않는다. 경험에 입각한 합리적인 사고를 하는 국민성이 문장에서도 나타나는 것이다. 또한 두 나라의 문장이 공히 방계 표시를 철저

그림 71 프랑스 당주 백작의 문장.

히 지키는 것은 집단의 정체성 못지않게 개인의 개성과 자유를 존중하는 풍토를 반영한다.

라틴 스타일

이탈리아뿐 아니라 남프랑스, 포르투갈, 스페인이 여기에 속한다. 이 지역의 문장에서는 그림 72 로마시 문장이 보여주듯 문장에 글자를 허용하는 경우가 많다. 이것은 다른 문화권에서는 찾아볼 수 없는 현상이다. 크레스트는 거의 사용되지 않지만, 크레스트를 쓴다면 그 모양이 매우 특이했다. 남성과 여

그림 72 로마시 문장.

성 모두에게 문장이 상속되었기에 사분할 문장이 빈번하게 나타난다. 또한 로마 가톨릭교회의 영향력이 강한 지역이다보니 문장에 교회가 나타나는 경우가 많다.

동유럽-러시아 스타일

그림 73 폴란드의
야스트라비에츠 문장.

불가리아, 세르비아, 크로아티아, 헝가리, 리투아니아, 폴란드, 우크라이나, 러시아 문장이 여기에 속한다. 이 지역 문장의 가장 큰 특징은 개인 문장보다 도시와 국가와 같은 집단 문장이 더 발달했다는 점이다. 장자와 차자 표시도 따로 하지 않았고, 흔히 문양 하나를 전체 문장으로 삼기도 했다.[49] 가문보다 영토와 민족을 더 중요하게 생각하는 민족성이 문장 양식에 반영되어 있다. 군대뿐만 아니라 마을 전체가 같은 문장을 취하기도 했다. 그림 73에 소개된 폴란드의 야스트라비에츠Jastrzębiec 문장이 여기에 속한다. 혈연적으로 전혀 관계가 없는 약 600여 가문이 폴란드에서 이 문장을 사용하고 있다. 또한 이 지역 문장에는 중요한 역사적 사실을 담아 잊지 않으려는 의지가 표현되기도 한다. 오랫동안 오토만 제국의 침입에 시달렸던 헝가리에서는 최소 15퍼센트의 문장이 터키인의 머리를 담고 있다. 동유럽 문장은 이 지역 사람들이 오랜 세월 개인보다 집단을 중시하는 멘털리티 속에 살아왔음을 보여주는 귀중한 자료가 될 수 있다.

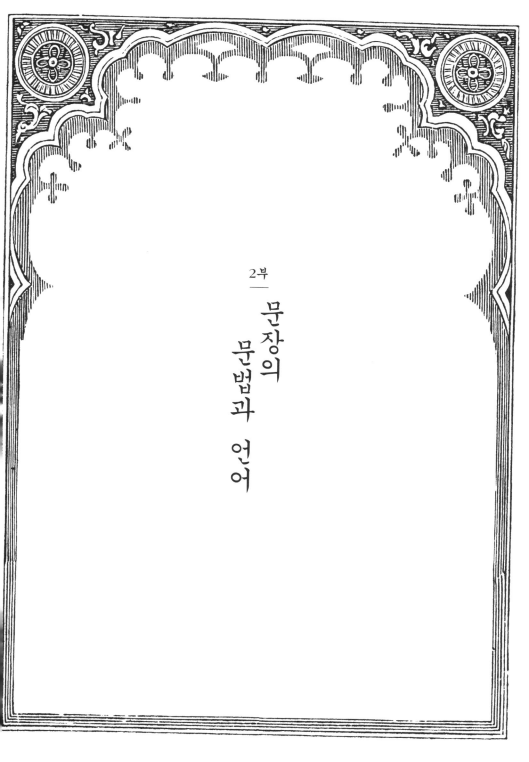

2부

문장의
문법과 언어

사회적 코드로서의 문장

1

문장의 문법이란 다양한 윤곽선을 가진 방패 위에 형상과 색조를 선택하고 배열하는 관습 및 규칙을 말한다. 아시아, 아프리카, 콜럼버스 상륙 이전의 아메리카, 이슬람 국가도 서구의 문장과 유사한 형태의 엠블럼을 가지고 있었다. 하지만 유럽 문장처럼 엄격한 규칙을 적용시키지는 않았다. 중세 유럽인들은 문장 방패 안에 색조와 형상을 마음대로 선택하거나 결합하지 않았다. 바탕으로는 반드시 황색이나 백색을 썼으며, 모양을 나타내는 색으로는 적색·흑색·녹색·청색을 사용했고, 이따금 자주색을 첨가하기도 했다.

형상과 색으로 된 기호체계는 사회적 코드로 역할하기도 했다. 방패 모양 안에 여러 형태의 도안을 조합하고 병치해 사회 양식의 변화를 담아낸 것이다. 예를 들면 영국에서는 16세기부터 결혼을 하지 않은 상태의 여성은 마름모꼴 문장을 사용했다. 문장에 독신인지 아닌지를 표시하는 것은 이혼과 재혼이 비교적 자유로워진 사회 분위기를 반영한다. 문장의 장자 상속이 철저하게 지켜지고, 장자 이하의 자녀들이 자신의 서열을 나타내는 특정 표시를 문장에 넣은 것은 가부장 사회가 공고해졌음을 드러낸다. 성씨 체제가 부계 중심으로 확고하게 자리 잡은 사회현상이 문장에 반영된 것이다. 12세기까지 귀족계층은 자신들이 살고 있는 성城이 위치한 지명으로 불렸다. 문장 상속과 함께 성城이 세습되면서 이런 관행은 자녀가 부모 성 가운데 아버지 쪽 성姓을 따르는 것으로 바뀐다.[1]

문장은 색에 대한 사람들의 기호 변화도 반영한다. 파스투로도 지적했듯이 청색은 오랫동안 야만의 색으로 천시되다가 귀족의 색으로 부상하고, 근대에 들어서는 자유를 의미하게 되었다. 특정 계층 문장에서 청색의 사용 빈도를 점검해보면 이 같은 추론을 얻을 수 있다. 적색과 녹색의 부침, 흑색이 지닌 이중적 의미 등 문장에서 색의 상징 변화는 사회적 코드로서 문장의 역할을 암시한다. 색에 대한 인식 변화를 지역별로 연구할 때 문장이 유용한 자료가 되는 것은 이 때문이다. 문장의 현대적 변용이라 할 수 있는 국기를 보더라도 한 국가에서 선호되는 색이 다른 국가에서는 기피되는지 그 이유를 찾을 수 없다. 예를 들면 '독일 국기에 왜 다른 국가에서는 선호되지 않는 검은색이 등장하는가?'라는 질문을 받는다면 막막해진다. 그러나 문장을 토대로 답을 찾는다면 유추가 불가능한 것도 아니다.

여기서는 스위스의 적색 선호 현상에 대해 답을 찾아보고자 한다. 그림 1은 중세부터 사용된 도시 문장이 표기된 스위스 지도다. 추상도형

그림 1 스위스의 도시 문장 지도.[2]

문양과 구상도형 문양이 다양하게 쓰이는 것을 볼 수 있다. 베른은 곰, 우리는 황소, 샤프하우젠은 검은 양, 제네바는 쌍두 독수리와 열쇠를 쓰고 있다. 바젤이 지팡이를 쓰고 있으며 그 외 다른 도시는 기하학 문양을 쓰고 있다. 또한 도시 문장을 살펴보면 흰색과 붉은색이 다른 색보다 압도적으로 많은 것을 알 수 있다. 흰색은 12개 지역, 붉은색은 11개 지역으로, 검은색 8개 지역, 파란색 5개 지역, 녹색 5개 지역, 노란색 5개 지역보다 월등히 많이 사용된다. 스위스 국기가 붉은 바탕에 흰 십자가가 되는 이유는 도시 문장에 나타난 색의 분포로 설명이 가능하다. 스위스 국가대표 축구팀이 전통적으로 흰색과 붉은색을 사용한 유니폼을 입는 것

그림 2
2018년 러시아 월드컵
축구에서 스웨덴과의 일전을
앞둔 스위스 대표 선수들.[2]

을 보더라도 스위스의 백색과 적색 사랑은 우연한 현상 같지 않다.

어느 나라 사람들이 특정한 색이나 문양을 좋아하는 이유를 그 나라에서 자주 쓰이는 문장을 분석해 다 설명할 수는 없다. 문장을 모양과 색상별로 분석하고 사용 통계를 내보면 색과 모양에 대한 특정 지역 특정 주민의 선호도를 가늠할 수 있다는 것이다. 문장은 1000년에 가까운 세월을 유럽인의 의식과 감수성을 지배한 팔레트였기 때문이다.

문장의 구성 요소

♛

2

크레스트

화관
망토
투구

서포터

방패

좌대
모토

HONOURING THE PAST · CHALLENGING THE FUTURE

그림 3 2004년에 제정된 캐나다 앨버타주의 문장.

문장은 방패 문장으로 시작했다. 여기에 크레스트와 맨틀링, 서포터와 같은 장식이 더해져 대문장 achievement이라는 호화로운 형태를 취하게 되었다.

크레스트

문장 맨 꼭대기 장식을 가리키는 것으로, 주로 동물이 쓰인다. 마상 창 시합에서 유래했는데 왕비나 여왕을 제외한 여성 대문장에는 쓰이지 않으며, 성직자의 문장에도 없다. 독일 문장에서 크레스트(독일 문장에서는 '투구 장식'이라고 부른다)는 특히 중시된다. 한 개 쓰는 것조차 드문 영국과 달리, 독일에서는 착용자의 지위에 따라 크레스트를 여러 개 할 수도 있다. 17개의 크레스트를 쓰는 문장도 있다.[3]

관과 화관

크레스트 밑에 있는 것으로 국왕의 관을 '크라운'이라 하고, 왕세자 이하 나머지 귀족의 관은 '코로넷'이라 불린다. 14~15세기경부터 왕과 제후의 상징으로 나타났고, 르네상스 시대에 귀족계급으로 확산되었다. 실제 착용하는 관과 문장의 관이 일치했으나, 노르웨이처럼 전혀 다른 경우도 있다. 교황은 세속의 권위를 드러내는 관 대신 '티아라'를 썼다. 그림 4는 잉글랜드 대문장에 쓰였던 여러 작위의 관과 함께 교황관을 보여준다. 그림 5는 관 대신 쓰였던 화관torse, wreath이다. 화관은 문장 메탈 색과 색상을 여섯 마디로 교차시킨 작은 관이다. 마상 창 시합을 구경하던 귀부인

왕위 계승자	공작	백작	후작	자작	남작	교황관

그림 4 잉글랜드 대문장에 쓰이는 관과 교황관.

그림 5 관 대신 사용된 화관의 예.

들이 기사들에게 주었던 정표에서 유래했다.

투구 helm, helmet

관 바로 밑에 오는 장식으로, 사회적 지위에 따라 모양이 달라졌다. 귀족 문장에서는 그림 6의 첫 번째 투구 모양처럼 개폐식 햇빛 가리개가 보통 열린 상태로 등장한다. 작위가 없는 귀족이나 중산층은 닫힌 투구가 사용된다. 근대로 넘어오면서 투구가 향하는 방향과 창살 수에 특별

그림 6 귀족과 중산층의 투구 모양.

한 의미가 부여된다. 왕과 왕세자의 투구는 금색이며 정면을 보는 반면, 공작 이하의 귀족은 옆을 바라보는 은색 투구다. 대지주와 향사는 쇠투구를 쓰고 측면을 보며, 공동체나 길드, 교회 문장에는 투구가 나타나지 않는다.

망토mantling

망토는 투구와 갑옷 몸체의 연결부를 감싸주는 천이다. 전투에서 기사들이 태양을 가리려고 걸친 린넨 천에서 유래했다. 주로 방패의 색상 가운데 하나를 망토 색으로 썼다. 영국의 경우 망토 외부는 방패의 주요 색상을, 망토 내부는 메탈 색상을 사용하기도 했다. 왕족과 귀족은 적색이나 담비 색을 썼다.

그림 7 여러 색상과 모양의 망토.

서포터와 좌대

그림 8 서포터의 여러 형태.

방패 양편에 세워지는 형상을 서포터라 하고, 그 밑에 있는 받침을 좌대compartment라 불렀다. 영국에서는 헨리 6세 이후 첨가되었고, 그 전에는 나타나지 않았다. 서포터로 동물, 사람, 실재하는 대상, 실재하지 않는 대상이 두루 쓰였고, 드물게 식물이 사용되기도 했다. 엘리자베스 여왕은 잉글랜드를 상징하는 사자와 스코틀랜드를 상징하는 일각수를 서포터로 썼다. 호주는 그 나라에만 서식하는 캥거루와 에뮤를 서포터로 썼다. 이처럼 유럽에서 독립한 아프리카 국가 혹은 영연방 국가에서는 자국에서 흔히 볼 수 있는 동물과 식물을 서포터로 하여 국장을 만들었다. 사람이 서포터에 쓰일 때면 거의 항상 정면을 본다.

모토

모토는 좌대에 걸쳐진 '두루마리scroll'에 쓰인 글씨를 말한다. 현 엘리자베스 여왕의 문장 모토는 프랑스어로 'Dieuet mon droit(신과 나의 권

110

리)'다. 리처드 1세가 프랑스의 왕위 계승을 위해 처음 이 프랑스어를 사용했으며 헨리 5세는 잉글랜드의 모토로 삼았다.[4]

방패꼴escutcheon, shield

도형이 나타나는 기본 바탕을 '방패꼴escutcheon(혹은 shield)'이라 한다. 방패꼴 표면만을 특별히 지칭할 때는 필드field라 하기도 한다. 이것은 다양한 상징과 색채, 디자인이 표현되는 문장의 핵심 구역이자 문장의 시원이다. 필드에 나타나는 문양은 크게 추상도형 문양ordinaries과 구상도형 문양charges으로 구분된다. 그림 9는 시대와 지역에 따른 방패꼴의 변화 양상을 나타낸 것이다.

그 양상을 살펴보면 세로로 긴 형태에서 점점 정사각형 형태로 변한 것을 알 수 있다. 표현 공간이 넓어지면서 문장의 문양도 훨씬 다양해진다.

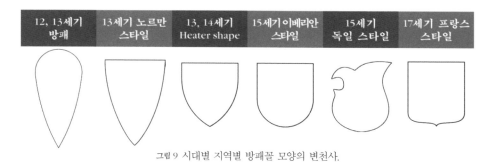

그림 9 시대별 지역별 방패꼴 모양의 변천사.

문장의 문양

3

방패꼴 위의 문양은 추상도형ordinaries, 분할도형party, 구상도형common charge으로 구분될 수 있다. 추상도형은 '흔한 것ordinaries'이라 불린 데서 알 수 있듯, 문장이 시작되던 시절에 아주 '흔하게, 예사롭게' 쓰이던 문양이었다. 추상도형은 다시 '기본적 추상도형honorable ordinaries'과 '부가적 추상도형sub ordinaries'으로 나뉜다.

추상도형

기본적 추상도형honorable ordinaries

그림 10의 기본적 추상도형을 왼쪽부터 오른쪽으로 위에서 아래로 번역하면, '윗띠' '세로 띠' '가로 띠' '대각선 띠' '역逆대각선 띠' '산山 모양

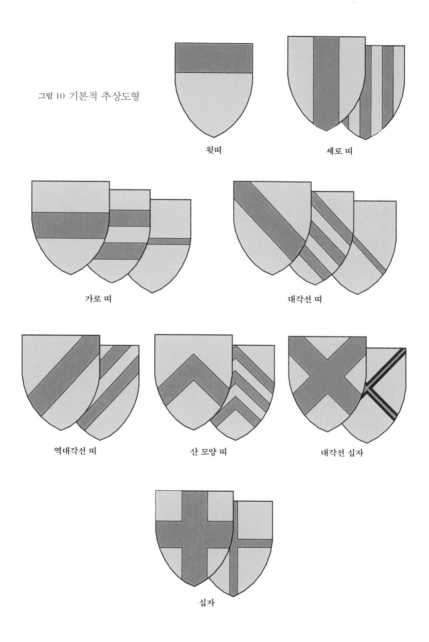

그림 10 기본적 추상도형

윗띠

세로 띠

가로 띠

대각선 띠

역대각선 띠

산 모양 띠

대각선 십자

십자

113

포튼트 십자가	버디드 십자가	알칸타라 십자가	작은 십자형 십자가	흑십자가
철십자가	몰타 십자가	몰린 십자가	파에이 십자가	백합문장 십자가

그림 11 추상도형 십자가의 변형

띠' '대각선 십자' '십자'라고 할 수 있다. 이 중에서도 십자가는 기독교의 확산과 함께 아주 다양한 형태로 발전한다.

부가적 추상도형sub ordinaries

기본적 추상도형에 포함되지 않는 것을 부가적 추상도형이라 한다. 그림 12의 도형은 '테두리선' '안쪽 테두리선' '방패 안 작은 방패' '작은 방패' '캔톤' '장구형' '나무토막(빌릿)' '마름모꼴' '작은마름모꼴(마클)' '뇌문'이라 번역될 수 있다. 기본적 추상도형이 문장의 주요소가 되는 것에 반해 부가적이고 종속적인 역할을 했다. 장자를 제외한 다른 형제들은 부가적 추상도형을 자주 사용했다.

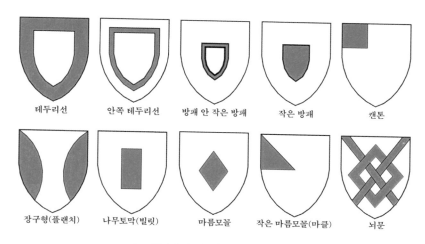

테두리선　　안쪽 테두리선　　방패 안 작은 방패　　작은 방패　　캔톤

장구형(플랜치)　　나무토막(빌릿)　　마름모꼴　　작은 마름모꼴(마클)　　뇌문

그림 12 부가적 추상도형-1 2 합쳐서 재구성

분할도형 party/division of field

분할도형은 방패가 나무로 제작되던 초기에 더 튼튼하게 할 목적으로 방패에 금속성 띠를 사용한 데서 유래했다. 이것은 방패의 전 영역을 분할해 둘 혹은 세 가지 색으로 번갈아 칠하는 방식으로 점점 발전했다. 분할 모양이 추상도형과 매우 흡사하고 호칭도 비슷해 혼동되곤 하지만 두 도형은 엄연히 다르다. 추상도형은 방패 일부만 색을 칠하는 반면, 분할도형은 방패 전면에 색을 칠한다는 점에서 구분된다.

그림 13의 스물세 가지 중 앞에 제시된 열 가지가 기본적인 분할도형에 속한다. 각 명칭은 '세로 분할' '가로 분할' '오른쪽 대각선 분할' '왼쪽 대각선 분할' '산山 모양 분할' '대각선 십자 분할' '세로 3분할' '가로 3분

그림 13 분할도형.

세로 분할   가로 분할   대각선 분할

왼쪽 대각선 분할   산 모양 분할   대각선 십자 분할   세로 3분할   가로 3분할

십자 분할   방사형   가로띠   사선 무늬   왼쪽 사선 무늬

세로띠   산 모양   체크무늬   마름모 무늬   기운 마름모

더 기운 마름모   작은 방사형   위 파일 분할   기운 파일 분할   왼쪽으로 기운 파일 분할

할' '십자분할' '방사형 분할'이다.

분할 윤곽선 lines of partition

분할 윤곽선은 분할도형뿐만 아니라 추상도형의 윤곽선을 그릴 때 사용된다. 그림 14에서 보듯이 윤곽선 모양을 어떻게 하느냐에 따라 '아래로 잔물결 모양' '위로 잔물결 모양' '총안 모양' '톱니 모양' '산 모양' '물결 모양' '대운파大雲波형' '소운파小雲波형' '사선 요철형' 'T자형' '비둘기 꽁지형' '서로 다른 백합 나열형' '태양 무늬형'으로 구분될 수 있다.

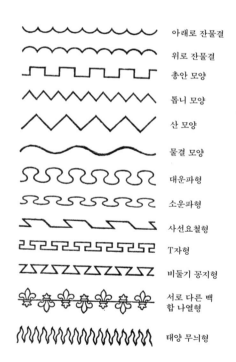

	아래로 잔물결
	위로 잔물결
	총안 모양
	톱니 모양
	산 모양
	물결 모양
	대운파형
	소운파형
	사선요철형
	T자형
	비둘기 꽁지형
	서로 다른 백합 나열형
	태양 무늬형

그림 14 분할 윤곽선.

구상도형

구상도형은 인간 혹은 인간과 유사한 존재, 동물, 동물의 신체 일부, 식물, 무생물 등 구체적 형상을 말한다. 문장에서 흔히 쓰이는 구상도형은 다음과 같다.

인간 혹은 인간의 신체 일부, 인간과 유사한 존재

천사　　　　　악마　　　　　무어인　　　　　기사

왕　　　　　성직자　　　　　사람　　　　　손

그림 15 인간 혹은 인간 신체 일부를 쓴 구상 도형 문장.

인간이 문장에 표현될 때 전체 모습으로 등장하기도 하지만, 머리, 심장, 손, 토르소 등 신체 일부로 제시되는 경우도 흔했다. 가장 유명한 문장은 아일랜드의 얼스터 지역을 상징하는 붉은 손바닥 문장이다. 이것과 관련해서는 여러 전설이 있다. 가장 널리 알려진 것은 켈트족 전설로, 피 흘리는 전사의 붉은 손과 관련된 것이다. 전설에 따르면 고대 얼스터의 왕이 아들을 얻지 못해 대가 끊기자, 자신을 이어 왕이 될 사람을 뽑는 요트 경기를 연다. 해안에 가장 먼저 손이 닿는 자에게는 왕국을 주기로 했는데, 경기 중 뒤지고 있던 한 전사가 자신의 손을 잘라 해안에 던지는 이변을 일으킨다. 왕도 자신의 말을 주워 담을 수 없었기 때문에 결국 전사를 얼스터 왕으로 추대한다. 문장에서 손바닥이 붉은 것은 물론 피 때문이다. 이 전사가 바로 아일랜드의 토착 부족인 오닐Uí Néill이었고, 오닐 O'Neil은 현재 아일랜드를 대표하는 성이 되었다.[5]

동물

| 사자 | 독수리 | 백조 | 연어 | 용 |

| 유니콘 | 그리핀 | 바다사자 | 살라맨더 | 코끼리 |

그림 16 문장에 흔히 나타난 동물과 상상 동물.

동물 일부

| 수사슴 머리 | 표범 얼굴 | 여우 얼굴 | 수퇘지 머리 | 황소머리 |

그림 17 동물 일부.

식물

그림 18 식물.

무생물

그림 19 무생물.

121

동물 문양은 문장에서 가장 활발하게 사용되었다. 파스투로에 따르면 문장의 3분의 1은 동물이고 이 가운데 50퍼센트 이상을 차지하는 동물은 사자였다. 사자는 모든 시기, 모든 지역, 모든 계급에서 인기가 높았다. 현대에 와서 상징으로서 사자의 인기가 시들해지기는 했지만, 그럼에도 여전히 1위 자리를 차지하고 있다. 하지만 사자가 부상하기 전 게르만과 켈트, 스칸디나비아 지역에서 동물의 왕은 단연 곰이었다. 켈트족의 영웅 '아서Arthur'는 '곰'을 의미했다. 사자는 종종 표범과 혼동되어 묘사되기도 했다.

2세기 말 이집트 알렉산드리아에서 작성된 『피지올로구스』는 일종의 기독교 동물상징 사전으로서 중세에 널리 확산·계승되어 동물 도상에 많은 영향을 끼쳤다. 여기에 맨 처음 소개되는 동물이 사자이며, 구원자 그리스도의 상징으로 설명된다. 성경에도 사자에 대한 언급이 여러 번 나온다. 때로는 위협적이고 악마적인 존재로, 때로는 하느님과 그리스도의 상징으로 언급된다. 사자는 유럽에 서식하지 않는 동물이지만 이러한 기독교 전승에 의해 신성시되어 곰을 제치고 유럽 전역에서 애호되는 문장 동물이 된 것이다.

사자 다음으로 인기를 끈 상징은 독수리다. 하늘의 제왕 독수리는 동물의 왕좌를 두고 사자와 대등한 위치를 점유했다. 그리고 차츰 독수리는 제국을, 사자는 국가를 상징하는 각기 다른 역할을 수행하게 된다. 문장에서 사자와 독수리는 상호 배타적 관계에 있다. 사자와 독수리를 함께 쓰는 지역은 극히 드물다. 사자를 문장으로 쓰는 유럽 지역에서 독수리는 문장으로 사용되지 않는다. 예를 들면 벨기에, 룩셈부르크, 덴마크

에서는 사자를 문장으로 선호하고 독수리를 거의 쓰지 않는다. 반면 오
스트리아와 북이탈리아는 독수리를 문장으로 애용하고 사자는 거의 쓰
지 않는다.

그림 20 무생물.

그림 21 독수리 방패.

그림 22 그리핀 방패.

문장의 색채

4

메탈 색과 원색, 그리고 모피

문장의 색채는 메탈 색, 네 종류의 원색, 모피로 구성된다. 문장 용어로는 메탈metals, 컬러colors, 퍼furs라고 칭한다. 메탈 색은 금과 은이고, 금색은 노랑, 은색은 흰색으로 대치된다. 네 종류의 원색에는 적색, 흑색, 청색, 녹색이 포함된다. 16세기에 자주색이 추가되었지만 보라색은 종교 문장에 한정되어 쓰였다. 문장이 사용되던 무렵에는 컬러 인쇄가 활발하지 못했던 탓에 색을 흑백으로 표시해야 했다. 1638년 이탈리아 사제이자 문장학자인 페트라 상타Petra Sancta는 점이나 선으로 문장의 색을 나타내는 방법을 고안했는데, 이것은 고안자의 이름을 따서 '페트라 상타 체계'라 불린다. 그림 23은 문장 색과 페트라 상타 체계를 함께 담은 문장 색채 표다.

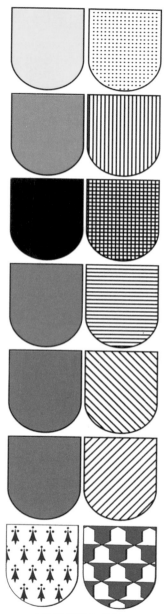

그림 23 문장의 색채.

그림 23에서 특이한 것은 모피 무늬를 문장의 색으로 분류했다는 점이다. 모피를 문양이 아니라 색채로 인식했다는 것은 문장에서만 나타나는 특이한 현상이다. 실제로 'Ermine'은 담비의 털가죽, 'Vair'는 다람쥐 털가죽 무늬를 가리킨다. 모피색은 프랑스와 영국 왕족 및 귀족만 사용했고, 유럽의 다른 지역에서는 거의 쓰이지 않았다. 담비는 꼬리가 검고 몸통은 하얀색이라 이어 붙이면 흰색과 검은색이 교차하는 형태가 나왔다. 문장에서 무늬로 사용될 때는 은색, 검은색 외에 금색이 배색되기도 했다. 다람쥐는 등이 청회색이고 배가 하얀색이라 이어 붙이면 청색과 흰색이 교차하는 모양이 되었다. 문장에서 'Vair'는 나사못 같은 기하학적 무늬로 표현되었고, 은색과 파랑의 배색으로 표현되었다. 만약 다른 색 조합으로 나타나면 'Vairy'라는 명칭이 뒤에 붙었다.

어민과 베어 외에 포텐트potent라는 모피 무늬도 있었다. 이것은 T자형 추상

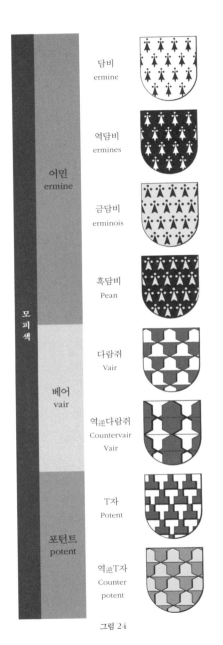

담비
ermine

역담비
ermines

금담비
erminois

흑담비
Pean

다람쥐
Vair

역逆다람쥐
Countervair
Vair

T자
Potent

역逆T자
Counter
potent

어민
ermine

모
피
색

베어
vair

포턴트
potent

그림 24

무늬를 조합한 것으로, 은색과 푸른색 조합이 기본이었다. '담비'와 '다람쥐'처럼 실재하는 동물의 털가죽에서 유래한 것은 아니다. 담비는 유럽에서 쉽게 얻을 수 있는 동물이 아니었기에 귀족 예복에만 한정되었고, 외투로 입을 수 있는 계층도 왕족으로 제한되었다. 대문장의 위계복이나 외투에도 왕족만 '담비'를 쓸 수 있었다. '다람쥐'는 '담비'보다는 제약이 덜했지만 역시 귀족층만 사용할 수 있었다.

무늬와 색채 첨가 유무에 따라 '담비'와 '다람쥐' '포턴트'를 그림 24와 같이 도표화할 수 있다. '담비'는 은색 바탕에 검은색 담비 반점을, 반대로 '역逆담비'는 검은색 바탕에 은색 담비 반점을 찍은 것이다. 금색 바탕에 검은색 담비 반점이 있는 것을 '금담비$_{erminois}$', 검은색 바탕에 금색 담비 반점이 있는 것을 '흑담비$_{pean}$'라 불렀다.

모피색은 문장에서 왕족과 귀족에, 그것도 영국과 프랑스에 한정되어 쓰이긴 했지만 오늘날에도 영향을 미치고 있다. 의상과 가방, 벽지 등에 '담비'와 '다람쥐' 'T자'를 활용한 무늬가 심심치 않게 보이는 것이다. 여성들이 핸드백이나 가방에 달고 다니는 모피 장식 키링의 역사도 알고 보면 1000년에 달한다.

문장의 규칙

5

색의 배열

문장에서 형상 없는 문장은 있어도 색이 없는 문장은 있을 수 없었다. 식별이 주된 목적인 문장에서 색은 형상보다 우위에 있었고, 따라서 색

그림 25 색 배열 규칙을 잘 지킨 문장들.

의 배열 규칙은 무엇보다 중시되었다. 먼저 대조와 가시성을 고려하여 메탈 위에 메탈, 원색 위에 원색을 중첩하는 것은 금지되었다. 그림 25의 첫 번째 신성로마 제국의 문장은 황색 바탕에 검은색 쌍두 독수리를, 두 번째 프랑스 카페 왕조의 문장은 청색 바탕에 황금 백합을 쓰고 있다. 세 번째 영국의 루시Lucy 자작 가문의 문장도 적색 바탕에 흰 물고기 세 마리가 나타난다. 모두 메탈과 원색을 한 번씩만 사용하고 있다.

아주 드물지만 색 배열 규칙이 지켜지지 않는 경우도 있었다. 그림 26의 첫 번째는 중세 예루살렘 왕국의 문장으로 흰색 메탈 바탕에 또 메탈에 해당되는 황색 십자가를 사용하고 있다. 두 번째 바티칸 도시 문장은 적색 바탕에 메탈에 해당되는 노랑과 흰색을 겹쳐 쓰고 있다. 두 문장은 문장의 기본 규칙을 지키지 않을 정도로 매우 특별한 의미를 가진 문장임을 암시하는 것이다. 물론 이런 이유에 해당되지 않는 문장도 있다. 하지만 현대에 오면 그 규칙도 유연성을 갖게 된다. 세 번째 문장은 1997년에 제정된 알바니아 국가 문장으로 적색 바탕에 같은 원색에 해당

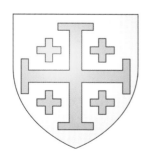  

그림 26 색 배열 규칙을 지키지 않은 문장.

되는 검은 쌍두 독수리를 쓰고 있다.

색 배열 규칙에서 공식적인 예외로 산정되는 것도 있었다. 모피는 메탈이나 원색, 모피 위에 자유롭게 올 수 있었다. 또한 분할 도형이라면 메탈 둘, 원색 둘과 같은 식으로 겹쳐 쓸 수 있었다. 자녀의 순서를 나타내는 방계 표시도 색채 규칙을 따르지 않았다.

그림 27 색 배열 규칙의 원칙적 예외를 나타내는 문장들.

그림 27의 첫 번째 문장은 1573년에 만들어진 케임브리지대학 문장이다. 담비 모피가 십자 문양으로 네 마리 사자를 나누고 있고 중앙에는 책이 있는 문장이다. 이때 모피 십자가의 색상은 자유롭게 결정할 수 있다. 두 번째 영국 왕실 문장은 분할도형 문장이기 때문에 원색인 빨강과 파랑이 바탕색으로 겹쳐 나올 수 있다. 세 번째 문장은 프랑스 오를레앙 공작Duc d'Orléans의 문장으로, 문양을 나타내는 자리에 같은 메탈에 속하는 흰색과 금색이 중첩되어 나타난다. 하지만 흰색 레이블은 장남을 나타내는 방계 표시이기 때문에 원칙적으로 색채 규칙에서 예외가 된다.

문장의 언어와 동물 문장의 자세

그림 28 리처드 스크로프 경의 문장과 로버트 그르스브너 경의 문장.

문장 방패에 들어가는 내용은 간단한 문장 언어로 기술될 수 있다. 그림 28은 중세 잉글랜드에서 문장 사용권을 놓고 다툼을 벌인 두 귀족 가문의 문장이다. 앞의 것은 이 싸움에 승리한 리처드 스크로프Richard Scrope의 문장으로, 문장 언어로 표현하면 "Azure, a Bend Or(파란색, 금색 밴드 하나)"가 된다. 바탕은 파랑이고 문장 문양은 사선이며, 이 사선의 색깔은 노랑이라는 뜻이다. 문장에서는 같은 문양을 사용하는 것이 인정되지 않았다. 동일한 문양의 문장을 쓰게 된 경우라면 한쪽 집안이 문장을 바뀌야 했다. 1390년 리처드 2세가 스코틀랜드를 치기 위해 귀족의 군사 원조를 요청하자 요크셔주에서는 로버트 스크로프가, 체셔주에서는 로버트 그로스브너Robert Grosvenor가 자신의 문장을 앞세우고 전투에 참여했다. 전장에서 두 집안은 우연히 동일한 문장을 사용하고 있다는 것을 알게 되었다. 스크로프 경은 자신의 가문이 먼저 이 문장을 사용했으니 상대 가문이 문장을 변경할 것을 왕에게 건의했다. 그로스브너 경은 자신의 조상은 정복왕 윌리엄 때부터 같은 문장을 썼다고 주장하지만, 받아들여지지 못한다. 리처드 2세는 그로스브너 경에게 대각선 띠에 은색 테두리를 입히라고 권고했다. 화가 났지만 왕의 명령을 거역할 수 없었던 그로스브너는 왕의 중재안 대신 문장에서 노랑 사선을 빼고 노랑 보릿단을 넣어 "Azure, a Garb Or(파랑, 황금 보릿단)"을 완성했다. 9년이나 걸린 스크로프와 그로스브너의 논쟁은 현대의 상표권 분쟁을 연상케 한다.

추상도형과 달리 구상도형 문장의 언어는 조금 더 복잡하다. 동물 문장에서는 동물이 취하는 자세가 매우 다양하기 때문에 자세를 기술하는 문장 언어도 개발된다. 문장에서 동물이 취하는 태도를 가리켜 '자세'라 한다. 다양한 자세가 쓰이는 가운데 특정 컨벤션도 나타난다. 가장 대표적인 컨벤션은 동물이 주로 측면을 보는 반면, 인간은 정면을 본다는 것이다. 그리고 문장 동물은 대부분 오른쪽을 본다. 이때 오른쪽이라 함은 문장을 보는 사람 입장에서는 왼쪽에 해당된다. 문장 언어에서 방향은

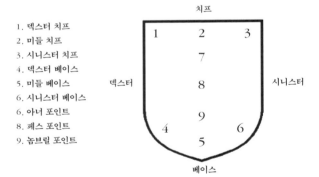

1. 덱스터 치프
2. 미들 치프
3. 시니스터 치프
4. 덱스터 베이스
5. 미들 베이스
6. 시니스터 베이스
6. 아너 포인트
8. 페스 포인트
9. 놈브릴 포인트

그림 29 위치와 방향에 따른 문장 언어.

문장을 바라보는 사람이 아니라 문장 착용자의 시점에서 오른쪽과 왼쪽이 정해진다. 문장 방패의 각 위치를 나타내는 문장 언어는 다음과 같다.

문장을 위에서 아래로 삼등분할 경우 맨 위가 치프, 중간이 페스, 아래가 베이스가 된다. 방패를 사분할하면 착용자의 오른쪽 상단부 '텍스터 치프'가 가장 중요한 자리가 된다. 여기에 착용자가 가장 강조하고 싶은 내용이 나오고, 같은 문양이 시니스터 베이스에 반복되어 나타나기도 한다. 이런 문양의 반복은 시니스터 치프와 텍스터 베이스에도 적용될 수 있다. 사분할 문장의 경우 사선 방향으로 동일한 문양이 반복될 수 있다. 이 부분에 대해서는 마셜링에서 다시 다루고 여기서는 동물의 자세에 따른 명칭을 소개하고자 한다.

사자는 보통 램펀트$_{rampant}$와 패선트$_{passant}$ 자세를 취한다. 램펀트는 뒷발로 서는 자세다. 네발짐승 가운데 이 자세가 문장에 가장 흔히 쓰이기 때문에 문장 표기에서 종종 생략되기도 한다. 특히 문장의 서포터즈로 사자가 쓰일 때는 대부분 램펀트 자세를 취한다. 이 자세에서 사자는 앞발을 들어올리고 오른쪽을 향한다.

패선트는 성큼성큼 걷는다는 뜻이고 오른쪽 앞발만 들어올린 채 오른쪽을 향해 걷는 자세다. 가던트$_{gardant}$는 몸을 오른쪽으로 향한 채 앞발을 공중으로 들어올리고 머리를 정면으로 돌린 자세이며, 리가던트$_{regardant}$는 가던트 자세에서 머리를 뒤로 돌린 것이다. 셀리언트$_{salient}$는 도약한다는 뜻으로, 뒷다리 두 개는 땅을 디딘 채 두 앞다리로 뛰어오르는 모습이다. 사자의 몸통과 머리 방향은 오른쪽이다. 스테이턴트$_{statant}$는 네발을 모두 땅에 두고 선 자세를 말한다. 이 자세는 주로 크레스트에 나타

스테이턴트 　　램펀트　　램펀트　　가던트　　카우천트　　패선트

셀리언트　　리가던트　　시전트　　도먼트　　커런트

그림 30 사자의 다양한 자세.

난다.

커런트couant는 네 다리를 공중에 띄운 채 왼쪽을 향해 전속력으로 달리는 자세다. 시전트sejant는 앞다리를 곧게 세우고 오른쪽을 향해 앉는 것이다. 카우천트cochant는 머리를 든 채 웅크리고 앉는 것이고, 도먼트dormant는 카우천트 자세에서 고개를 수그리고 잠이 든 모습이다. 꼬리 모양과 위치에 따라 구별되기도 한다. 겁먹은 사자는 꼬리를 뒷다리 사이에 둔다. 꼬리를 감은 모습과 꼬리가 갈라진 형태에 따라 여러 자세로 구분된다. 이빨과 발톱, 혀 등의 색을 달리해 다른 문장과 구별을 꾀하기도 한다.

물속에서 생물들이 헤엄치는 모양을 네이언트naiant라고 하는데, 물고기, 백조, 오리, 기러기가 이 자세를 취한다. 그림 31의 첫 번째는 돌고래

동물	돌고래	그리핀	독수리	펠리칸	뱀
특정한 자세					

그림 31 특정 생물들이 취하는 특정한 자세.

의 네이언트 자세다. 세그리언트_segreant_는 그리핀처럼 날개 달린 신화적 사족수가 사자의 램펀트 자세를 취하는 것을 가리킨다. 새는 두 날개를 활짝 펴고 주로 오른쪽으로 머리를 향한 자세로 나타난다. 세 번째 나오는 샤를마뉴 대제 문장의 독수리가 바로 이 자세를 취하고 있다. 펠리칸은 둥지에서 자기 가슴의 피를 부리로 쪼아 아기 새에게 먹이는 모습으로만 등장한다. 예수 그리스도의 희생이라는 종교적 의미를 전달하기 위함이다. 뱀은 대부분 자신의 꼬리를 물고 있는 우로보로스_Ouroboros_ 자세로 문장에 나타난다.

그림 32 사자 자세.

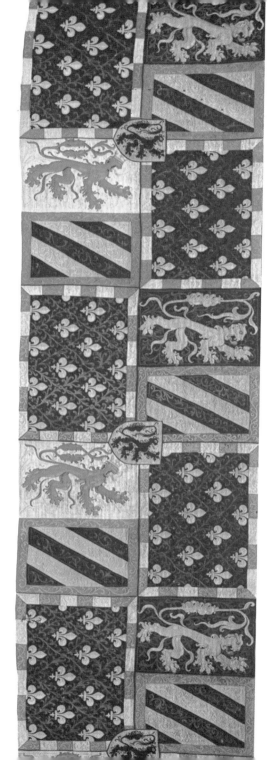

그림 33 사자 자세.

문장의 합성:
마셜링

6

결혼이나 합병을 이유로 한 방패 안에 두 문장 이상을 결합시키는 것을 "마셜링Marshalling"이라고 한다. 마셜링에는 이분합성dimidiation, 완전합성 impalement, 사분할 합성quartering, 액자형 합성inescutcheon이 있다.

이분합성

이분합성은 완전한 두 개의 문장을 반으로 잘라 합치는 방식이다. 왼쪽과 오른쪽, 위쪽과 아래쪽 두 방식으로 합치는 것이 다 가능했으나, 왼쪽과 오른쪽으로 합치는 경우가 훨씬 많았다. 그림 34의 첫 번째 문장은 1299년 프랑스의 마르그리트가 잉글랜드의 에드워드 1세와 결혼하면서 갖게 된 문장이다. 에드워드의 사자문장과 마르그리트의 백합문장이

그림 34 이분합성 마셜링의 예.

반반씩 합쳐졌다. 이분합성의 경우 디자인상 여러 문제를 일으켰다. 그림 34의 두 번째 문장은 영국의 항구도시 그레이트 야머스의 도시 문장이다. 이분합성을 한 결과 청어 꼬리를 한 사자라는 이상한 모양이 탄생했다. 세 번째 문장은 체코의 즐로니체Zlonice를 상징하는 이분합성 도시문장이다. 왼쪽에 검은 독수리를 이분합성하고 있지만 독수리 머리는 또 온전한 모습이다. 만약 정확히 반을 자르면 독수리 모양이 이상해지기 때문이다. 이런 디자인상의 문제점에도 불구하고 이분합성 문장은 인기가 높았다. 부텔에 따르면 이것은 영국에서보다 유럽 대륙, 특히 독일에서 선호되었다.[6]

완전합성

이분합성의 이런 난점을 극복하고 나온 것이 완전합성, 임페일먼트다. 문장에서 페일pale은 문장 중앙선을 말한다. 이 중앙선을 기준으로 완전

그림 35 완전 합성 마셜링의 예.
왼쪽부터 에드워드 3세, 참회왕 에드워드, 리처드 2세의 문장이다.

한 문장 두 개를 나란히 두는 것을 임페일먼트라 한다. 잉글랜드의 리처
드 2세는 완전합성 방식으로 자신의 문장을 표현했다. 리처드 2세는 에
드워드 3세 문장에 자신의 선대 할아버지인 참회왕 에드워드의 상징을
합성하여 그림 35의 세 번째 문장을 갖게 되었다. 리처드 2세의 문장은
영토를 상실한 무능한 왕에서 성인의 인품을 가진 경건한 왕으로 평가받
고 싶은 욕망을 반영한다.[7]

사분할 합성quartering

완전합성 역시 복잡한 문장을 합성할 때 디자인 측면에서 문제가 발생
할 소지가 많았다. 이 단점을 극복하고자 나온 것이 사분할 방식quartering
이다. 이것은 수직과 수평으로 필드를 나누어 계승할 문장을 넣는 것으
로 13세기 스페인에서 시작되었다. 여기서 가장 중요한 상징은 착용자 입

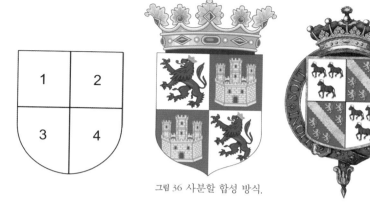

그림 36 사분할 합성 방식.

장에서 봤을 때 오른쪽 상단 1번에 온다. 두 문장이 사분할 될 때는 1번과 4번, 2번과 3번에 같은 문장이 반복되고, 세 문장이 사분할될 때는 1번과 4번에서만 반복이 일어난다. 스코틀랜드와 스페인에서는 4개 이상의 문장이 사분할 합성으로 결합되는 것을 금했다. 위 그림 36의 두 번째는 1230년 중세 스페인에 세워진 카스티야-레온 왕국 문장이다. 카스티야 왕국의 상징인 성과 레온 왕국의 상징인 사자가 사분할 합성되었다. 세 번째 그림은 영국 샤프츠베리 백작the Earl of Shaftesbury 가문의 문장으로 선조 가운데 에슐리 남작 문장인 세 마리 황소three bulls passant sable와 쿠퍼 남작 문장인 사자a bend engrailed between six lions rampant or가 사분할 합성되었다.

액자형 합성

방패 중앙에 또 다른 작은 방패를 넣는 방식을 액자형 합성inescutcheon
이라 한다. 사진 틀 속에 놓인 사진과 같은 형태의 이러한 합성 방식은
'심장 방패'라는 별칭으로 불렸다. 그만큼 중앙에 오는 문장이 중요하다
는 것을 의미했다. 마셜링의 약 4분의 1은 이 액자형 합성 방식을 택하고
있다.

그림 37 액자형 합성 방식을 보여주는 문장들과 액자형 문장의 축소형 문장.

그림 37의 첫 번째 문장은 아방댕 르 포르튀네Abandain le Fortune의 문
장으로, 은색 바탕에 적색 심장 방패를 넣은 매우 단순한 형태의 액자
형 합성이다. 두 번째로 제시된 포르투갈의 국가 문장 역시 액자형 합
성 방식이다. 이 문장은 중세 알폰소 1세Afonso I(1106~1185)의 흰색 바탕
에 푸른 십자가 문양에서 기원했다. 알폰소 1세의 문장은 이후 세바스티
안 1세에 이르러 붉은 바탕에 일곱 개 황금색 성城이 있는 문장 안에 액
자형 방식으로 결합된다. 다섯 개로 분할된 푸른 십자가는 알폰소 1세가

물리친 무어 왕국의 숫자를, 7개의 황금 성은 세바스티안 1세가 격퇴한 무어인의 성의 숫자를 각각 상징한다.

그리고 그림 37의 세 번째 문장은 독일 바이에른주의 문장으로 역시 액자형 문장이다. 덱스터 치프에 있는 황금 사자는 팔츠를 다스렸던 궁정 백작의 문장이고, 시니스터 치프의 프랑켄 갈퀴Franconian Rake 문양은 프랑켄 지방 뷔츠부르크 제후의 문장 중 일부다. 덱스터 베이스의 푸른 팬서는 니더바이에른의 오르텐부르크 백작의 문장이다. 시니스터 베이스의 검은 사자 세 마리는 슈바벤 공작의 가문인 호엔슈타우펜 왕조에서 나온 것이다. 그리고 마지막 네 번째 정중앙에 백색과 청색이 비스듬하게 교차하는 긴 마름모꼴 문양은 중세부터 바이에른에서 가장 큰 영향력을 발휘한 비텔스바흐Wittelsbach 가문의 문장이다. 중앙에 오는 문장이 가장 중요하기 때문에 문장을 축약할 때는 그 옆의 그림처럼 '민중의 왕관'을 쓴 비텔스바흐 문장만으로 표시된다.

특별한 문장:
방계 표시, 포상문장, 장례문장

7

방계 표시

문장은 장자 상속을 원칙으로 하기 때문에 장자 이하의 자녀들은 집안에서 자신의 서열을 문장에 표시해야 했다. 이 마크를 방계 표시mark of cadency라 한다. 마상 시합의 인기가 시들해지고 문장의 개인 식별 기능이 강화되면서 방계 표시가 자연스럽게 생겨났다. 이 표시는 영국, 스코틀랜드, 프랑스, 네덜란드, 라인란트, 독일, 스위스처럼 문장 전통이 비교적 강했던 나라에서 적용되었다. 반면 오스트리아, 스페인, 스칸디나비아에서는 두드러지지 않았고, 이탈리아와 폴란드에서는 거의 나타나지 않았다.

방계를 표시하는 방식은 다양했다. 문장에 특정 표시를 더하거나 모양 일부를 빼는 사례도 있었고, 문장 바탕색과 문양 색을 장자의 것과 뒤바꾸는 형태도 있었다. 영국에서는 특정 표시를 방패 맨 위에 더하는 방식으로 했다. 15세기의 영국 문장관 존 리스John Writhe가 이를 제도화했다. 방계 자손에게도 '차이'를 드러내고 싶은 욕구가 있었기 때문에 시행 초기부터 잘 지켜졌다. 장자가 아버지로부터 상속받는 문장은 순수 문장plain coat이라 불렸다. 방계 표시는 아들에게만 해당되었고, 딸은 특별한 표시를 하지 않았다. 미혼 여성을 뜻하는 마름모꼴 방패에 순수 문장을 그대로 사용했다. 그림 38은 영국의 방계 표시다.

방계 표시는 현재 영국 왕실을 지키는 웨일스 공 찰스와 윌리엄 왕세

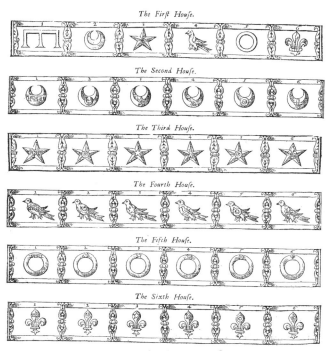

그림 38 영국의 방계 표시.[8]

웨일스 공 찰스   윌리엄 왕세손   귀네드 왕국의 상징   다이아나 스펜서의 문장

그림 39 웨일스 공 찰스의 문장과 윌리엄 왕세손의 문장.

손의 문장을 보면 잘 이해된다.

웨일스 공 찰스는 현 엘리자베스 여왕의 장남이고 윌리엄 역시 웨일스 공의 장남이기 때문에 둘 다 문장 상부에 장남 표시가 있다. 찰스의 문장은 액자형 양식으로 사분할 사자를 취하고 있고, 윌리엄의 문장에는 장남 표시 중간에 붉은 조가비가 있다는 점만 다르다. 찰스는 웨일스 공작이기 때문에 13세기까지 건재했던 웨일스의 귀네드 왕국의 상징을 문장 중앙에 집어넣은 것이다.[9] 윌리엄은 어머니 다이아나 스펜서의 문장에 있는 조가비를 장남 표식에 옮겨놓았다.

포상문장

중세 봉건사회에서 주군은 무공을 세운 신하가 계속 충성을 다할 수 있도록 적지 않은 포상을 했다. '포상문장'도 그중 일부다. 주군은 신하의 업적에 따라 영지나 금품을 주고 서열을 올려주기도 했지만 문장에 가증문 형태로 포상문장을 하사하기도 했다. 신하는 자신이 상속받은 문장에 주군이 하사한 문장을 첨가했다. 포상 문장은 신하가 세운 공적을 상징적으로 표시하는 것이었다. 잉글랜드와 스코틀랜드 사이에서 벌어진 플로든 전투에서 혁혁한 공을 세운 서리 백작 토머스 하워드의 예를 들어보자. 1513년 스코틀랜드의 제임스 4세가 잉글랜드 북부 노섬벌랜드 국경을 침입하자 서리 백작 토머스 하워드Thomas Howard, Earl of Surrey가 이들을 대파한다. 하워드는 전공에 대한 보상으로 헨리 8세로부터 포상문장을 받고, 제2대 노포크 공작2nd Duke of Norfolk에 올랐다. 스코틀랜드가 성공적으로 격퇴되었음을 나타내기 위해 스코틀랜드 왕실을 상징하는 사자가 입에 화살을 맞은 모양이 포상문장으로 수여되었다. 이후 노포크 공작 가문의 문장은 조금씩 변했지만 이 표시는 사라지지 않았다.

그림 40의 첫 번째 그림은 스코틀랜드 왕실의 문장이고 두 번째 그림은 잉글랜드의 2대 노포크 공작이 스코틀랜드의 침입을 막아내고 받은

| 스코틀랜드 문장 | 2대 노포크 공작이 받은 포상문장 | 2대 노포크 공작의 전체 문장 | 4대 노포크 공작의 문장 |

그림 40 스코틀랜드 문장과 스코틀랜드 침입을 막아내고 노포크 공작이 받은 포상문장.

포상문장이다. 세 번째 그림은 포상문장이 들어가 있는 2대 노포크 공작의 문장이고 네 번째 그림은 4대 노포크 공작의 문장이다.

포상문장 같기는 하지만 사실 확인이 어려운 문장도 있다. 잉글랜드 스톱퍼드의 도지 가문Peter Dodge of Stopford의 문장이 여기에 속한다. 이 가문 선조는 전쟁에서 싸우고 있던 에드워드 1세(1274~1307)의 군대에 식량을 제공했다. 왕은 그 공을 인정해 그림 41과 같은 문장을 하사했다. 이것이 허위라는 주장도 만만치 않지만 사실이든 거짓이든 간에 군대에 음식을 제공한 사건을 유방에서 젖이 나오는 것으로 묘사했다는 점은 재

그림 41 도지 가문이 에드워드 1세로부터 하사받았다고 알려진 포상문장.

미있는 발상이다.

장례문장hatchments

장례문장은 문장의 소유자가 사망했을 때 사망 사실을 첨가한 문장을 가리킨다. 사람이 죽으면 그의 문장을 검은 테두리를 한 마름모꼴 틀 안에 넣어 기리는 것으로, 크레스트나 다른 장식을 일체 하지 않는다. 매장하는 날 아침에 문 앞이나 현관 입구에 걸어둔 장례문장은 20개월 동안 죽은 자의 집에 있다가 교회로 옮겨 보관되었다. 마름모꼴의 표현 방식에

따라 사망한 자의 입장이 여덟 종류 패턴으로 표시된다. '독신 남성' '독신 여성' '남편 사망 아내 생존' '아내 사망 남편 생존' '남편 사망 여자 상속인 아내 생존' '여자 상속인 사망 남편 생존' '남편 사망 최초 아내 사망 후처 생존' '최초 아내 및 후처 사망 남편 생존' 중 어느 쪽이냐에 따라 다른 문장이 사용되었다. 죽은 자가 거처했던 방 입구에 6개월에서 1년간 걸어두었다가 교회에 보관했다.

착용자 입장에서 남자는 오른쪽, 여자는 왼쪽에 자리했고, 부부 중 사

그림 42 남성의 장례문장으로, 독신 남성, 아내를 두고 사망한 남성, 재혼 아내가 없는 홀아비, 재혼 아내가 있는 홀아비의 장례문장을 각각 의미한다. 독신 남성의 문장은 아내가 없기 때문에 방패에 문장은 하나고, 아내가 둘인 경우 남편의 문장을 중앙에 두고 아내의 문장을 양옆에 둔다.

그림 43 독신 여성의 문장으로, 바탕뿐 아니라 방패 모양도 마름모꼴로 표시한다. 독신 여성, 남편을 두고 사망한 여성, 과부의 장례문장을 각각 뜻한다.

망한 쪽의 문장 바탕은 검은색으로, 생존한 쪽은 흰색으로 표시되었다. 독신 남성과 여성이라면 마름모꼴 바탕이 전부 검은색이 된다. 여성 독신자는 마름모꼴 바탕에 또 다른 마름모꼴을 넣어 문장을 표시하고 리본이나 천사를 첨가해 남성 독신자와 구분했다.

캔팅 문장
(암시 문장)

8

캔팅 문장canting arms은 성姓과 유사하게 발음되는 사물이나 사건을 문장 도안에 활용한 것을 가리킨다. 문장 도형뿐 아니라 색조로도 표현되곤 한다. 예를 들어 플로렌타인의 로시 가문의 문장 방패는 붉은색이다. Rossi가 붉은색을 뜻하기 때문이다.

그림 44의 첫 번째 문장은 정복왕 윌리엄을 따라 잉글랜드로 건너온

| 루시 가문 | 보우스 라이언 | 윌리엄 셰익스피어 | 케이트 미들턴 문장 | 헨네버그 | 헬펜스타인 |

그림 44 여러 가지 캔팅 문장.

153

드 루시 가문de Lucy의 캔팅 문장이다. 이들은 루스라 불리는 창꼬치 물고기가 자신들의 성과 발음이 유사하다고 여겨 창꼬치 세 마리를 문장으로 채택했다. 두 번째 문장은 잉글랜드의 보우스 라이언Bowes-Lyon 가문의 문장이다. 이 가문은 현 엘리자베스 2세를 낳은 어머니의 가문으로, 'bows(활)'와 'lyon(사자)'을 문장으로 하고 있다.[10]

세 번째 문장은 영국의 극작가 윌리엄 셰익스피어의 문장이다.[11] 셰익스피어 센터의 자료에 따르면 아버지 존 셰익스피어가 1596년 이 문장을 하사받았고 1601년 사망하면서 아들 윌리엄이 상속받은 것으로 되어 있다. 'shakes spear(창을 흔들다)'는 것을 문장에 그대로 반영한 캔팅 문장이다. 네 번째 문장은 케이트 미들턴Kate Middleton이 윌리엄 왕세손과 결혼하기 직전에 만든 문장이다. 영국 문장원은 미들턴의 의견을 적극 반영해 이 문장을 만들었다고 발표했다. 여기서는 문장 바탕색을 캔팅 문장 작법으로 처리했다. 미들턴의 발음이 'middle tone'과 유사해 영국 왕실을 상징하는 윌리엄의 붉은색과 그에 대조되는 파랑을 섞어 '중간 색조'가 나오게 한 것이다. 도토리를 문장에 넣은 이유는 미들턴 가문이 살던 지역 주변에 참나무가 많았기 때문이며, 도토리가 세 알인 것은 미들턴 남매가 셋이기 때문이다. 마름모는 여성임을, 푸른색 리본은 미혼임을 암시한다. 다섯 번째는 스위스 헨네버그Henneberg 가문의 문장이다. '산Berg'에 '암탉Henne'이 앉아 있는 캔팅 문장이다. 여섯 번째 문장은 14세기 스위스 헬펜스타인Helfenstein 가문의 문장이다. 이 역시 '돌Stein'에 '코끼리Elefant'가 서 있는 캔팅 문장이다.

이처럼 캔팅 문장은 오래전부터 사용되었다. 유럽 문장 가운데

20~25퍼센트는 캔팅 문장이며, 독일어 사용 국가에서 특히 선호되었다. 캔팅 문장이 평민들의 사랑을 받았다는 것은 잘못 알려진 사실이다. 성姓에서 문장 문양을 도출하는 캔팅 문장과 반대로 스칸디나비아에서는 특정 문장 문양을 쓰다가 그것이 성이 되는 사례도 종종 발견된다.[12]

여기서 눈여겨볼 점이 있다. 특정 동물에서 기원했거나 이와 발음이 유사한 성을 가지고 있으면서도 이를 활용한 캔팅 문장을 쓰지 않는 경우도 있다는 것이다. 예를 들면 독일의 카체넬렌보겐Katzenellenbogen이란 성은 '카체Katze' 즉 고양이를 떠올리게 하지만 고양이를 이용한 캔팅 문장은 없다. 중세인들이 고양이는 상서롭지 못한 동물이라고 여겼을 가능성이 크다. 반면 캔팅 문장에 사용되는 동물이나 식물, 무생물에 대해 중세 유럽인들은 상서롭다고, 최소한 해롭지는 않다고 생각했다는 것을 알 수 있다. 그렇다면 25퍼센트에 이르는 유럽인들의 캔팅 문장을 분석해보면 그 속에는 1000년 동안 축적된 유럽인의 감수성이 녹아 있을 수도 있다는 생각을 하게 된다. 문장이 무의식의 창고라고 여겨지는 것도 이와 같은 이유다.

상상 문장

9

중세인들은 문장을 쓰지 않았던 고대인들에게도 문장을 부여했다. 이것은 실제 사용된 문장이 아니라 사용되었을 것으로 상상되는 문장이라는 뜻에서 '상상 문장attributed arms'이라 불린다. 문장이 지배층에게 확고하게 자리 잡자 응당 왕과 귀족이라면 시대를 막론하고 문장을 가졌을 거라고 예상한 데서 나온 문장이다. 문장이 나타나지도 않았던 12세기 이전의 인물에게도 문장을 부여할 정도로 중세인들은 문장과 밀착된 삶을 살았던 것이다.

처음엔 같은 인물도 지역에 따라 문장이 달랐다. 그 인물을 상상하면 떠오르는 이미지가 문장 제작자마다 달랐기 때문이다. 하지만 점차 고정된 형태를 취하게 되었다.[13] 특히 아서왕과 원탁의 기사, 성경에 나오는 인물들, 그리스 로마 신화의 영웅들, 왕과 교황과 같은 주요 인물의 상상 문장은 한 가지 형태로 통일되었다.[14] 어떤 인물과 어울리는 이미지와 상징

그림 45 독일 쾰른 구시청 안에 있는 중세 '아홉 위인'의 조각상. 왼쪽에서 오른쪽으로
세 명의 기독교인(독수리 방패를 든 카롤루스, 세 왕관 방패를 든 아서, 발치에 개를 데리고
있는 고드프루아), 세 명의 이교도(카이사르, 헥토르, 알렉산드로스는 모두 그리핀 방패),
나머지 세 명의 유대인(홀을 들고 있는 다윗, 여호수아, 유다 마카베오)이 서 있다.

을 찾는 데 중세의 집단지성이 작용했던 것이다.

이들은 자신들의 삶에 모범이 될 인물을 과거에서 찾고 문장을 부여했
다. 14세기 기사도 문화가 사회 전반적으로 정착되었을 때는 기사도 이상
을 가장 잘 구현한 인물 9인을 남성과 여성별로 뽑아 상징으로 나타내고
숭배했다. '아홉 위인les neuf preux, the Nine Worthies'이라 불리는 이들 가운데
세 명은 이교도(헥토르, 알렉산드로스 3세, 율리우스 카이사르), 세 명은 유대
인(여호수아, 다윗, 유다 마카베오), 세 명은 기독교인(아서 왕, 카롤루스 대제,
고드프루아 드 부용)이었다.

9인의 여성 위인 가운데 로마에 항거하다 죽은 켈트 여왕 보디카와 트
로이 전쟁에 참여한 펜테질레아가 포함된 것은 의외다. 펜테질레아는 트
로이 동맹군으로 참전했다가 아킬레우스의 창을 맞고 전사하는 아마존
의 여전사다. 아킬레우스도 그녀의 용기에 감동받아 정중히 장례를 치렀

다고 호메로스는 전한다.[15] 중세 인들은 황금 드레스를 입고 백조 문장을 든 채 말을 탄 펜테질레아를 상상했다. 이들은 우리의 예상과 달리 자신과 사회의 운명을 능동적으로 개척하는 용기 있는 여성을 사랑했던 것이다. 펜테질레아의 백조 문장은 용맹한 여성을 고귀하게 여긴 당대의 관념을 반영한다.

그림 46 프랑스 국립 도서관에 있는 펜테질레아의 초상.

그림 47은 문장을 수놓은 옷을 입은 아서왕의 태피스트리다. 아서왕 이야기는 중세 유럽을 점령한 내러티브였다. 고대 브리튼의 켈트족 왕과 신하들의 이야기는 중세 기사문학의 세례를 받아 유럽 전역으로 유전되면서 새롭게 창조되었다. 아서왕과 기사들의 이야기는 나라마다 조금씩 다르지만 기사들의 문장은 거의 같다. 이 태피스트리는 14세기 말 프랑스의 드 베리 공작이 제작을 주문한 것이다. 여기서 아서왕은 파랑 바탕에 금관 세 개가 표현된 자신의 문장을 걸치고 있다. 잉글랜드 아서왕 문장의 바탕색이 적색인 것과 달리 프랑스 아서왕의 문장은 파란색이다. 태피스트리를 보면 프랑스의 청색, 잉글랜드의 적색이라는 공식이 갑자기 만들어진 것이 아님을 알 수 있다. 14세기에 이미 프랑스에서는 청색이 '야만의' 청색을 청산하고 '고귀한' 청색으로 탈바꿈하고 있었던 것이다.

아서왕 이야기가 중세 유럽을 강타하면
서 랜슬럿, 거웨인, 갤러허드, 트리스탄
등 원탁의 기사도 문장을 지니게 되었
다. 15세기에 이르면 이야기에 등장
하는 150명에서 180명에 이르는 다
른 기사들도 문장을 갖게 된다. 그림
48은 죽어가는 트리스탄에게 키스하
는 이졸데를, 그림 49는 트리스탄과
랜슬럿의 싸움을 묘사한다. 두 그림에서

그림 47 장 1세 드 베리 공작이 주문한 9인의 위인 태피스트리 중
아서의 태피스트리. 뉴욕 클로이스터스 박물관 소장.[16]

그림 48 죽어가는 트리스탄과 이졸데. 그림 49 랜슬럿과 싸우는 트리스탄.

그림 50 중세에 사탄을 나타내는 문장.

트리스탄의 문장은 녹색 바탕에 황금 사자로 동일하다. 여기서 잠깐 상상 문장과 녹색에 관해서 생각해볼 필요가 있다. 트리스탄과 이졸데의 사랑은 중세인의 심금을 울렸던 이야기다. 그런데 그들이 사랑한 트리스탄의 문장이 녹색이라는 점은 의아스럽다. 중세에 녹색은 악마의 색이었기 때문이다. 당시 유럽에서 녹색은 불안정을 뜻했고, 극단적인 경우 악을 상징했다. 색조만 놓고 본다면 중세인들은 트리스탄과 이졸데의 사랑에서 불안과 변덕을 보았던 것이다.

그렇다면 중세에 녹색은 왜 악을 상징하는 색이 되었을까? 15세기에는 구세주와 사탄도 상상 문장으로 표현된다. 사탄의 문장은 그림 50처럼 적색 바탕에 녹색 개구리 세 마리였다. 반면 그리스도는 파랑 바탕에 어린 흰 양으로 묘사되거나 성 베로니카의 성안포聖顏布에 찍힌 얼굴로 나타났다. 예수는 유월절 첫날에 바치는 새끼 양이나 성안포에 드러난 수난 중 그리스도로 중세인들에게 각인되었던 것이다. 중세 말이 되면 신도 그림 51과 같은 문장을 갖게 된다.

그림 52는 독일 바이에른에서 출판된 원고에 묘사된 그림으로, 신의 문장은 파랑 바탕에 삼위일체로 형상화된다. 방패 한가운데에 위치한 신

그림 51 어린 양과 성안포의 얼굴로 등장하는 예수 그리스도.

그림 52 신의 문장.

Deus은 성부Pater이며 성자Fillus이며 성령Spirtus Sanctus으로 존재Est하지만, 성부와 성자와 성령은 같지 않다Non est는 기독교 교리가 Y자 형태 안에 축약되어 있다. 크레스트의 비둘기는 삼위일체의 신비를 담은 평화의 메시지를 암시한다. 위의 사례들에서 그리스도와 신은 파랑과, 악은 녹색과 연관됨을 알 수 있다.

선과 악, 사랑과 용기, 신과 은총과 같은 추상적 관념을 색채와 형상으로 표현했다는 점에서 상상 문장은 개인 식별이 주된 목적이었던 기존 문장과는 다른 차원에 속했다. 당대의 보편 관념과 시대적 감수성이 드러나는 리트머스 시험지 역할을 했던 것이다. 이에 따르면 상상 문장에 묘사된 원숭이, 용, 뱀, 개구리와 같은 생물은 악마의 특성을 지닌다. 체크무늬와 줄무늬 역시 애매모호하거나 사악한 것을 나타낸다. 하지만 이런 생각이 근거가 없는 것은 아니었다. 예를 들어 대환란의 상황을 기록한 「요한계시록」 16장 13절의 "세 마리 개구리 같은 더러운 영혼들"과 같은 표현에서 개구리를 악과 동일시하고 있음을 알 수 있다. 13세기 후반 캔터베리 대성당에서 제작된 『두스 묵시록Douce Apocalypse』과 같은 예언서 역시 상상 문장에 많은 영향을 주었다.[17] 색에 있어서도 악을 상징하는 개구리가 녹색인 것은 실제 자연의 색을 그대로 묘사한 것 이상의 의미를 지닌다. 녹색은 악이라는 관념이 「아서왕 이야기」에도 나오기 때문이다. '가웨인과 녹색 기사' 편에서 크리스마스 날 아침 아서왕의 궁전에 난데없이 도끼를 들고 나타나 용기를 시험하겠다고 횡포를 부리는 이는 '녹색 기사Green Knight'였다. 선을 시험하는 악이 '녹색'이라는 것은 중세의 보편적 관념이었던 것이다. 중세인들은 천둥과 번개로 호통을 치고 태풍과

홍수로 삶의 근거지를 앗아가는 자연의 녹색을 정복해야 할 '악'으로 판단했던 것이다.

중세 말에 오면 불변과 영원을 상징하는 황금색과 여러 면에서 대조되던 녹색은 차츰 긍정적인 의미를 지니게 된다. 자연에 대한 인간의 동경이 시작되는 18세기 말, 낭만주의 시대에 이르면 녹색에 대한 상상력은 최고조에 이른다. 하지만 그 맹아는 중세에 뿌리를 두고 있다. 숲속에 살면서 포악한 관리와 욕심 많은 귀족을 골탕 먹이고 불쌍한 사람을 도와주는 유쾌한 의적인 로빈후드는 항상 녹색 옷을 입고 등장한다. 중세 후기에 오면 로빈후드와 한량들이 거주하는 노팅엄의 초록 숲은 무모한 도전과 순박한 긍지, 기존 질서를 재편하는 대안의 공간으로 부상한다. 녹색이 악으로 규정되던 시대에 다른 한쪽에서 악은 새로운 질서를 태동시키는 자궁의 역할을 하고 있었던 것이다. 애니메이션으로 잘 알려진 윌리엄 스타이그의 동화 「슈렉」의 주인공이 녹색 괴물로 등장한 것도 우연이 아니다. 나날이 상승하는 지구의 체온을 걱정하는 시대, 녹색 자연은 이제 개선해야 할 악이 아니라 보전되어야 할 선善으로 우리 곁에 있다.

이처럼 상상 문장을 들여다보면 문장 상징의 저수지에 다다르게 된다. 특정 시기를 살아간 사람들이 자신들의 관념을 색조의 속성과 연관시켰다는 것을 상징을 연구하는 학자들은 놓쳐서는 안 될 것이다. 중세의 대표적 상징체계인 문장은 이것을 해석할 수 있는 귀중한 자료를 제공한다. 하지만 실제 문장에서 이런 점을 찾아내기란 쉽지 않다. 문장은 상징적 의미도 지니고 있지만 그 이상으로 당대의 유행과 취향도 반영하고 있기 때문이다.

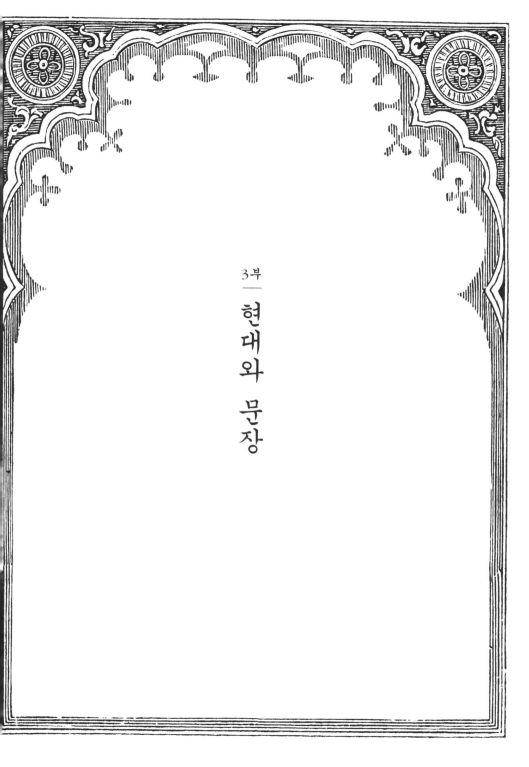

3부

현대와 문장

역사와 예술작품에 찍힌 지문

1

12세기에서 19세기까지 서구 유럽에서 문장은 소유자의 권리를 표시하고 그 지위에 어울리는 장식 기능을 수행했다. 귀족에서 평민에 이르기까지 각계각층의 사람들은 자신이 사용하는 온갖 물건과 기념물, 거주하는 건물에 문장을 넣었다. 오늘날 문장 연구는 이러한 시공간 속에 존재했던 물건과 기념물의 위치를 알려주는 유효하고 유용한 도구가 되고 있다. 특정 물건을 누가 주문했고 누가 계승했으며 누구에게 양도되었는지 그 이력을 훑다보면 기존 역사가 미처 밝히지 못한 새로운 진실이 드러난다. 문장이라는 지문이 침묵의 진실을 웅변하는 것이다. 고고학과 미술사, 역사 연구에서 문장은 사료와 예술품의 제작 시기를 추정하는 데 결정적 단서가 되었다. 특정 왕의 연대기 추정이 불확실할 경우 왕이 지닌 문장의 면 분할을 계산해보면 정확한 시기를 알 수 있다. 문장의 면 하나하나가 왕의 영지 소유권을 나타내기 때문이다. 문장 착용 기간은 보통

그림 1 프랑스 다마리레리 교회에서 발견된 성 루이 보석함.[1]

사용자의 수명보다 짧기 때문에 이런 연대 추정이 가능하다. 예술작품과 기념품에도 소유자나 창작자의 문장이 새겨져 있다. 생일, 결혼, 작위의 보유 기간, 사망일 등을 계산에 넣으면 이들의 역사도 추론할 수 있다. 문장에 숨어 있는 사건들의 이유를 찾다보면 더 확실한 연대가 나오기도 한다. 문장은 1853년 프랑스의 다마리레리 교회에서 발견된 성 루이 보석함의 제작 연대를 밝히는 데도 큰 도움이 되었다.

현재 루브르박물관에 소장된 이 보석함은 그동안 13세기 후반에 제작된 것으로 알려져왔다. 보석함에 사용된 주석과 목재, 크리스털, 도금과 에나멜 상태를 바탕으로 한 판단이었다. 그러나 성 루이가 1297년 성인으로 추존되었다는 사실은 보석함 제작 시기와 배치되는 것이었다. 성인 추존은 해당 인물이 사망한 후 꽤 오랜 시간이 흘러야 가능한데, 그가 사용한 보석함이 당시에 제작되었다는 것은 납득할 수 없기 때문이다. 사학자이자 문장 연구가인 에르베 피노토Harve Pinoteau는 이 점을 의심하여 연구에 돌입했다. 그는 현존하는 성 루이의 친척 문장과 보석함에 박힌

그림 2 파움가르트너 중앙 제단화. 하단에 문장을 들고 있는 이들의 모습이 보인다.

46개 문장을 일일이 대조해서 이 상자가 1236년 여름에 제작된 것임을 밝혀냈다.² 문장이 지문 역할을 한 것이다. 문장이 없었다면 이런 역사적 오류는 수정되지 못했을 것이다.

　문장은 시대상을 반영하는 거울 역할을 하기도 한다. 15세기 말에서 16세기 초에 활동한 독일의 국민 화가 알브레히트 뒤러(1471~1528)가 그린 파움가르트너 세 폭 제단화가 바로 그런 역할을 한다. 이것은 당시 뉘른베르크의 세도가였던 파움가르트너 가문이 카타리나 교회에 기증하고자 뒤러에게 제작을 맡긴 것이다. 심각하게 파손되었던 게 복구되어 현재는 바이에른의 알테 피나코테크에 전시되어 있다. 여기서 뒤러는 작품을 의뢰한 귀족을 은근히 풍자한다.

　중심 주제는 가운데 패널에 그려진 '그리스도의 탄생'이다. 이를 지켜보는 천사와 성인들은 모두 파움가르트너 가문 사람들이다. 아들 슈테판이 1448년 예루살렘 순례를 마치고 무사히 귀환한 것을 기념해 제작되었기 때문에 슈테판이 가장 강조된다. 양쪽 날개 역할을 하는 두 패널 그림 중 왼쪽에 있는 사람이 슈테판이다. 용을 제압하고 성 조지의 깃발을 들고 있는 모습은 그가 성 조지Saints George에 버금가는 인물임을 암시한다. 오른쪽 날개에 그려진 인물은 그의 동생 루카스로, 성 유스티스Saint Eustace(라틴어로는 에우스타키오)의 사슴 깃발을 들고 있다. 두 형제가 예수 탄생을 지키는 성자의 모습으로 서 있는 것이다. 중앙 제단화에 성모를 향해 무릎 꿇은 성 요셉 좌우로 이 집안 남자와 여자들이 문장을 들고 서 있다.

　성화이기 때문에 이들 앞에 놓인 문장은 성 인을 상징하는 깃발에 버금가는 의미를 부여받고 있다. 그렇다면 묘사된 사 람들 역시 성자와 성녀를 대신하는 품위를 지니고 있어야 한다. 하지만 이들이 취하는 자세와 표정은 그것과 는 거리가 멀다. 요셉 왼쪽에는 아버 지 마틴 파움가르트너와 두 아들이, 오른쪽에는 어머 니 바바라 파움가르트 너와 두 딸 마리아와 바바라가 서 있다.

여자들은 각자 다른 생각을 하는 듯하고, 남자들은 무표정하다. 예수 탄생이라는 성스러운 사건을 외경에 가득 차 지켜보는 사람은 없다. 성화와 전혀 어울리지 않는 모습이다.

천사들이겠거니 하고 지나칠 수도 있었던 인물들은 각자 앞에 놓인 문장으로 인해 정체가 드러난다. 제단화를 보는 이들은 왜 이 사람들이 이런 모습으로 여기에 서 있는지 의문을 갖게 된다. 종교개혁의 시대에 뒤러는 문장과 귀족을 어떻게 봤던 것일까? 질문을 던지다보면 이 자리에 있는 문장의 역할이 예사롭지 않다는 느낌을 받게 된다. 여기서 문장은 제단화의 영광된 기증자를 밝히는 동시에 귀족의 시대가 저물고 있다는 시대상을 반영하고 있다. 문장과 성인의 깃발이 불러일으키는 묘한 부조화는 여기서 비롯된 것이다.

비시오네 문장의 과거와 현재

2

문장은 역사와 예술에 남겨진 지문이다. 지문은 지문 소유자의 신원을 드러냄으로써 지문이 찍힌 사물의 봉인된 의미를 해제한다. 하지만 신원 이 밝혀진다고 그 의미가 다 드러나는 것은 아니다. 처음 문장을 만들며

그림 4 밀라노의 5대 공작, 잔 스포르차의 초상과 문장.

171

지문을 남긴 사람의 의도가 깨끗이 방부 처리되어 보존되는 게 아니기 때문이다. 오랜 세월 동안 단속적으로 계승되면서 문장은 원래 의도와 의미를 잃어버리기 쉽다. 불연속의 틈을 메우는 것은 인간의 상상력이다. 상상력의 힘으로 문장의 의미는 변형·변주되고, 상징은 모호해지며 깊어진다. 밀라노에서 발원한 비스콘티 가문의 문장에서 시각적 이미지가 불러일으키는 이러한 심원한 힘을 느낄 수 있다.

그림 4에서 금화의 주인공은 밀라노의 5대 공작인 잔 스포르차Gian Sforza다. 동전 뒷면을 보면 알 수 있듯이 그의 문장은 뱀과 독수리가 사분할된 것이다. 문장에 뱀이 등장하는 것도 이상한데, 서포터 역할을 하는 두 마리 동물도 용이다. 왜 잔 스포르차는 서양 문장에 잘 쓰지 않는 뱀과 용을 그려넣었을까?

이 질문에 답하려면 선대 비스콘티 가문의 내력을 알아야 한다. 이 가문은 15세기까지 밀라노를 지배한 귀족이었다. 비스콘티 가문이 문장으로 채택한 것은 그냥 뱀이 아니라 사람 잡아먹는 뱀이었다. 사람 먹는 청색 뱀은 '비시오네(이탈리아어로 큰 뱀)'라 불리며 지금도 밀라노의 상징으로 사랑받고 있다. 동전의 주인공 잔의 선대 할아버지, 프란체스코 스포르차가 끊어진 비스콘티 가문을 이어받으면서 비시오네는 1000년 가까운 세월을 밀라노와 함께했다.

비스콘티가가 비시오네를 문장으로 삼게 된 전설로는 여러 가지가 전해 내려온다. 그중 가장 유력한 것은 오토네 비스콘티Ottone Visconti가 십자군 원정 때 이 상징을 얻었다는 설이다. 사라센 장수를 무찌르고 장수의 상징을 가지고 왔는데, 사람 먹는 청색 뱀이었다. 비스콘티는 밀라노로 돌아와 이를 자신의 문장으로 삼았다.

그런데 뱀에게 먹힌 사람이 처음과 달리 피부가 검은 무어인으로 표현되기도 한다. 또 아이 대신 어른으로 그려지기도 한다. 그림 6은 시대가 바뀌면서 비스콘티 가문의 비시오네가 변하는 양상을 반영하고 있다. 그림 6의 첫 번째 사진은 밀라노 근처 피아첸차에서 발견된 모자이크다. 두 번째 사진은 두오모 광장에 있는 대주교 관저를 장식한 비오시네이며, 세 번째 사진은 밀라노 중앙역에 있는 것이다. 모습이 조

그림 5 비시오네 문장.

금씩 다르다는 것을 알 수 있다. 특히 세 번째 비시오네는 사람이 뱀에게 먹히는 것이 아니라 뱀이 사람을 토해내고 있는 것처럼 보인다. 이 중앙역 비시오네는 후에 밀라노를 홈으로 하고 있는 인터 밀란의 유니폼과 밀라노 텔레비전 방송국 심벌마크로 활용된다.

2010년부터 2011년까지 인터밀란은 어웨이 셔츠의 로고로 비시오네를 변형해서 사용했다. 사람 대신 불을 뿜는 뱀의 모습으로 형상화되어 있다. 그림 7에서 보듯이 밀라노 텔레비전 방송국 채널 5는 비시오네를 단순화한 아라비아 숫자 5를 심벌마크로 삼고 있다. 디자인을 맡은 피니베

그림 6 밀라노와 근처 건물에 각각 다르게 표현된 비시오네의 모습.

스트Fininvest는 아이를 꽃으로 변형해 비시오네가 뭔가를 창조하고 있다는 것을 나타내고 싶었다고 밝혔다.

　그렇다면 원래 비스콘티 가문의 문장은 뱀이 사람을 먹는 모습일까, 아니면 뱀이 사람을 토해내는 모습일까? 역사학자 줄리아 카즈위츠Julia

그림 7 인터밀란 어웨이 셔츠의 로고로 사용된 비시오네와
밀라노 텔레비전 방송국 채널 5의 로고 심벌마크.

그림 8 아즈텍 신화에 나오는
깃털 달린 뱀, 케찰코아틀.

그림 9 12세기 앙코르 제국 시대에 제작된 부처상.
물의 신, 나가Naga(산스크리트어로는 뱀)의 엄호를
받는 부처. 뉴욕 메트로폴리탄 미술관 소장.

Kaziewicz는 언뜻 보면 뱀이 사람을 먹는 것처럼 보이지만 실상 뱀이 사람을 낳고 있는 모습이라고 말한다.[3] 뱀은 머리부터 먹는 습성이 있기 때문에 뱀이 사람의 다리를 물고 있다는 것은 사람이 뱀에게 먹히는 게 아니라 뱀의 몸을 빠져나오는 모습이라는 것이다. 문장의 비시오네는 고래 뱃속에 갇혔다가 새사람이 되어 나온 구약성경의 요나처럼 어둠 속에서 새롭게 태어난 인물인 것이다.

　뱀이 파괴적인 힘이 아니라 생산적인 힘을 지니고 있다는 믿음은 다른 문화권에서도 발견된다. 성경에서 뱀은 사악한 이미지로 고정되지만 사실 뱀은 고대부터 재생과 부활을 상징했다. 때가 되면 허물을 벗어 스스로 재생하고 부활하는 능력을 고대인들은 높게 평가한 것이다. 뱀이 지닌 이런 힘은 고대 신화와 종교 상징에서 두루 나타난다.

그림 8은 아즈텍 신화에 나오는 깃털 달린 뱀, 케찰코아틀Quetzalcoatl의 모습이다. 아즈텍 사람들은 이 뱀에게 먹혀 새롭게 태어나기를 소원했다. 그림 9는 선정禪定에 든 부처를 뱀이 외호하고 있는 모습이다. 뱀이 허물을 벗듯 부처가 새롭게 태어나는 모습을 동남아시아 불교 국가에서 이렇게 표현했던 것이다.

문장과 국기

3

문장 분할과 국기 디자인

시민사회가 성장하면서 개인 문장은 점차 사라지고 길드 문장과 도시 문장 같은 공동체 문장만 살아남는다. 이 전통은 오늘날 각종 단체, 조직, 스포츠 그룹 등의 상징으로 이어져오고 있다. 또한 18세기를 정점으로 유럽 사회가 왕정에서 공화제로 변모하면서 국왕의 깃발은 국기로 대체된다. 프랑스 혁명의 영향으로 유럽의 깃발은 국내에서는 평등을 상징했다. 하지만 제국주의 시대로 접어들자 국외에서 깃발은 정복과 통치 행위의 정당성을 역설하게 되었다. 식민지 지배와 침략 전쟁에서 국기가 국위 선양의 상징이 된 것이다.

제국주의 시대에 국기와 군대는 불가분의 관계를 이루며 독재자의 이데올로기를 전파하는 도구가 되었다. 히틀러는 하켄크로이츠와 게르만

신화를, 무솔리니는 파스케스와 로마 제국을 연결해 여론을 선동했다. 두
차례의 세계대전이라는 엄청난 희생을 치른 후에야 파시즘은 수그러들
었다. 제2차 세계대전 이후 새롭게 독립한 나라들은 국가 기틀을 마련하
기 위해 국기부터 정비했다. 국기라는 새로운 국가 상징을 디자인하는 중
차대한 작업에 기준점이 된 것은 중세 유럽의 문장이었다. 문장 디자인은
많은 신생 국가가 국가 상징과 국기를 제작할 때 지침을 제공했다.

문장의 추상도형 중에서는 수직 삼분할, 수평 삼분할, 십자가, 캔턴이
국기에 많이 응용되었다. 특히 캔턴기는 미국을 비롯한 많은 나라 국기의
기본 틀이 되었다. 의외로 문장에서 많이 쓰이던 사분할 도형은 국기에
서 발견되지 않는다. 사분할 도형을 사용하면 문장과 국기의 구분이 모
호해지기 때문이다. 문장과 국기가 혼동되는 것을 원치 않았기에 문장 디
자인을 국기에 그대로 원용하는 경우는 드물었다. 귀족의 상징인 문장과
달리, 근대 국가에서는 국기가 일반 시민의 상징이라는 의식이 강했기 때
문이다. 문장의 분할 도형의 관점에서 국기 형태를 분류하면 그림 10과
같이 정리될 수 있다.

그림 10 문장 분할과 국기 디자인의 상관성.

문장의 분할 도형	국기			
퍼페스	폴란드	모나코, 인도네시아	리히텐슈타인	우크라이나

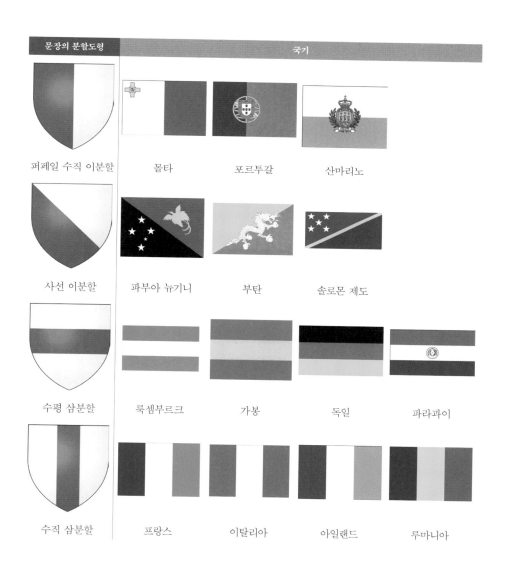

문장의 분할도형	국기			
퍼페일 수직 이분할	몰타	포르투갈	산마리노	
사선 이분할	파부아 뉴기니	부탄	솔로몬 제도	
수평 삼분할	룩셈부르크	가봉	독일	파라과이
수직 삼분할	프랑스	이탈리아	아일랜드	루마니아

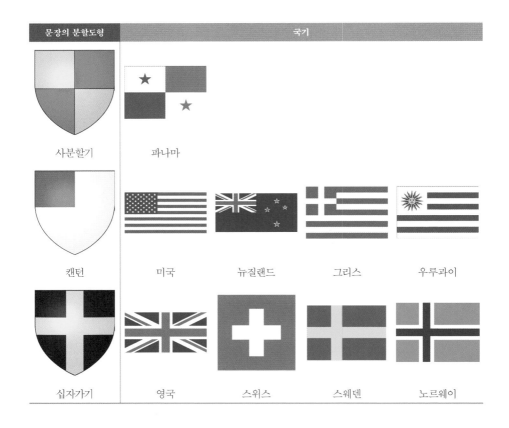

문장의 분할도형	국기
사분할기	파나마
캔턴	미국 / 뉴질랜드 / 그리스 / 우루과이
십자가기	영국 / 스위스 / 스웨덴 / 노르웨이

프랑스 삼색기와 세계의 국기

　문장의 분할 도형과 세계 각국의 국기를 함께 놓고 보면 국기의 모태가 문장이라는 것을 부인할 수 없게 된다. 국기에 유독 삼분할기가 많이

그림 11 외젠 들라크루아의 「민중을 이끄는 자유의 여신」

응용된 것은 프랑스 혁명을 계기로 등장한 삼색기와 관련이 깊다.

프랑스 삼색기는 파란색, 빨간색, 흰색으로 구성되었다. 삼색기의 파란색은 13세기부터 16세기 말까지 프랑스 왕실을 대표한 백합 문양에서 유래한 것으로 보인다. 백합 문양은 1661년부터 프랑스 혁명 때까지 프랑스의 민간 선박에 사용되기도 했다. 빨간색은 8세기 후반 프랑크 왕국의 샤를마뉴 대제가 사용한 오리플램(금색 불꽃)기의 색이며, 흰색은 잔 다르크의 깃발 색이고, 동시에 부르봉 왕가의 색이기도 하다. 이 삼색 배색은

1789년 파리 시민군의 모자표 색깔로 결정된 후 자유의 상징이 되었다. 이후 부르봉 왕조가 부활했던 짧은 기간을 제외하고 지금까지 삼색기는 프랑스의 상징이자 자랑이 되었다.

문장은 정권을 유지하고 이데올로기를 고수하는 최상의 이미지 장치이기도 했다. 이런 선례 때문에 전통 문장을 폐기하고 새로운 로고를 제작하기도 한다. 하지만 파리시 위원회는 다른 행보를 보인다. 그림 12는 파리시를 상징하는 도시 깃발이다. 프랑스를 상징하는 색을 바탕으로 중앙에 전통적인 문장 방패를 넣었다. 프랑스 혁명을 상징하는 붉은색에 왕실 백합 문양을 넣어 혁명 정신을 계승하면서도 전통을 잊지 않겠다는 의지를 담은 것이다. 여기에 범선은 과거와 현대, 전통과 창조가 공존하는 파리를 향해 나아가고 있음을 보여준다. 파리시 깃발은 문장이 지닌 힘을 적극 활용한 디자인이라 할 수 있다.

시민혁명과 주권재민 사상을 고양시키는 데 앞장선 삼색기는 이후 근대 시민 국가들의 탄생에도 관여했다. 각 나라의 국기를 제작하는 데 중요한 지침이 되어준 것이다. 삼색기를 응용한 국기 디자인은 1831년 벨기에를 시작으로, 이탈리아, 아일랜드, 멕시코, 루마니아 등으로 확산되었

그림 12 프랑스 파리를 상징하는 깃발.

다. 그중에서도 프랑스 세력이 강했던 라틴아메리카나 동남아시아 식민지에서는 해방 투쟁의 상징으로 삼분할이 선호되었다. 아이티, 도미니카, 코스타리카, 타이, 캄보디아가 여기에 해당되는 국가다.[4]

제2차 세계대전 후 아프리카의 프랑스 식민지로 있던 국가들도 일제히 독립하면서 새로운 정신적 구심점이 될 국기 제작에 심혈을 기울였다. 하지만 이 피식민지 국가들은 식민 국가와 정신적으로 완전히 결별하지 못한 채 독립 국가를 건설해야 하는 숙제를 떠안았다. 기니, 세네갈, 말리, 코트디부아르 등 옛 프랑스 식민지 국가들이 여기에 해당된다. 이들 나라 국기는 프랑스와 같은 수직 삼분할을 기본으로 하되, 범아프리카 색인 빨강, 노랑, 초록을 활용하는 국기를 만들어낸다.

20세기에 들어와 국가라면 모두 하나씩 가지고 있는 국기는 그 사회가 수직사회에서 수평사회로 발전하는 민주적 국가임을 암시한다. 민주주의 국가에서 국기는 지배자의 이념이 아니라 시민의 주권을, 지배자의 통치가 아니라 시민들의 연대를 상징한다. 국기뿐만 아니라 각 단체를 대표하는 깃발은 국민과 구성원을 통합하고 세계와 연대하는 수평적 기능을 수행하게 한다. 올림픽 기, 유럽 연합 기, 유엔 기 등 지역과 국가를 초월한 깃발이 이러한 역할을 한다는 것을 우리는 이미 알고 있다.[5]

18세기 들어 유럽 문장은 급격히 쇠퇴한다. 하지만 객관적인 시각에서 보자면 문장은 쇠퇴한 것이 아니라 세계적으로 전파되었다. 유럽 너머의 국가들이 문장을 적극 수용한 것이다. 19세기 미국에서 문장의 인기는 하늘을 찔렀다. 아시아, 아프리카, 오세아니아 순으로 문장의 인기가 확산되면서 각 나라의 국기 디자인에도 영향을 주었다. 이러한 문장의 국제화

그림 13 가봉의 문장.

그림 14 해체 이전의 러시아 국기.

는 새로운 엠블럼이 등장하는 발판이 된다.

　20세기를 전후해 유럽에서 독립한 아프리카 국가들은 국기와 문장에 자신들의 역사를 담았다. 유럽 문장의 문법을 수용하면서도 자국의 자주성과 개성을 드러내고자 했다. 이러한 문화의 수용과 변천 과정을 연구하려면 문장에 대한 구태의연하고 협소한 시각에서 벗어나야 한다. 그림 13은 아프리카 대륙에 위치한 가봉의 문장이다. 삼분할된 유럽식 문장을 쓰고 있지만, 서포터로 등장하는 동물은 그 나라에서 쉽게 찾아볼 수 있는 블랙팬더다. 유럽의 정신을 따르고 있지만 자국의 주체성을 잃지 않겠다는 의지를 읽을 수 있다. 그림 14는 지금은 해체되었지만 한때 강력한 힘을 과시했던 구소련의 국기다. 문장의 바탕으로 가장 많이 쓰였던 노랑과 문장 형상의 색으로 가장 빈번하게 사용됐던 빨강을 이용해 단결된 연방의 힘을 강조하고 있다. 이 국기는 문장 원칙을 잘 활용해 시각적 효과를 극대화했다. 문장의 문법과 언어를 오늘날에도 공부해야 하는 이유가 여기에 있다. 문장은 중세 1000년이 비축한 시각 문화와 시각 디자인의 보고다.

기업 로고와 문장

4

문장은 개인을 상징하는 것에서 점차 단체를 상징하는 도구로 발전했다. 길드, 수도회, 기도회, 대학, 도시를 대표하는 상징이 되었다. 도시 문장의 도안에 들어가는 문양은 성문이나 탑, 도시의 수호성인, 지배 영주, 도시의 특색이 되는 풍경과 같은 것이었다. 도시 안에 사는 시민들은 도시 문장 아래서 결속할 수 있었다. 도시 문장은 시민 각자가 자신이 맡은 일정한 의무를 다하면 도시로부터 안전을 보장받는다는 증표였다. 대학 문장도 마찬가지 역할을 했다. 중세 대학은 길드와 비슷한 조직이었다. 도제 신분인 학생들의 증명서 발급을 위해서라도 문장은 필요했다. 도시 문장과 대학 문장은 중세 집단주의 문화를 공고히 하는 심벌 마크였다.

　이처럼 공동체를 상징하던 문장은 18세기에 들어와 기업 로고로 발전하기 시작한다. 오늘날 우리에게 친숙한 기업 로고는 중세 유럽 문장에 뿌리를 두고 있다.[6] 최초로 국가 공인을 받은 기업 로고는 독일의 마이센

그림 15
중세 대학의
문장.

옥스퍼드대학 　　　　 케임브리지대학 　　　　 에딘버러대학

도자기다. 1713년 회사를 설립한 작센의 군주 아우구스트 2세는 1720년에 자신의 이름 첫 글자를 딴 로고로 국가 공인을 받았다. 유럽 최초로 백자 도자기 제조에 성공한 마이센은 신기술 유출과 모방품 방지를 위해 로고를 만들어야 했다. 도자기를 본격적으로 판매하면서 소비자의 시선을 끌려면 색다른 로고가 필요하다는 것을 알게 되었다. 이들은 아우구스트 가문의 문장에 나오는 쌍칼을 로고로 썼고, 이 전통은 지금도 이어진다. 독일의 다른 지역도 도시 문장을 앞세운 도자기를 출시하고 있다.

독일은 문장을 기업 로고로 활용한 대표적인 국가다. 1731년 칼을 주로 만들던 졸링겐의 대장장이 길드 조합이 등록한 쌍둥이 로고는 세계적인 주방용품 생산 업체인 헹켈로 이어지고 있다. 문장 로고는 숙련된 손

빈대학 　　　　 하이델베르크대학 　　　　 런던대학 　　　　 볼로냐대학

트리니티칼리지 　　하버드대학 　　예일대학 　　홍콩대학

기술을 요하는 수공업 제품의 내구성과 안정성을 보증하는 데 적절한 심벌이었던 것이다.

문장을 로고에 활용하는 상품에서 술이 빠질 수 없다. 프랑스의 와인과 브랜디, 스코틀랜드의 위스키, 영국의 진, 독일의 맥주, 러시아의 보드카 등 술을 생산하는 와이너리나 양조 회사는 가문 문장이나 도시 문장을 제품 로고 디자인에 사용한다. 역사와 전통을 지닌 와이너리 혹은 양조장에서 생산된 것임을 소비자에게 강조하기 위해 문장을 활용하는 것이다. 이 가운데서도 특히 문장을 많이 쓰는 주류는 와인이다. 파프 클레망pape clement, 포지오 디 소토poggio di sotto, 샤토 푸제Château pouget, 카농라 가플리에르canon la gaffeliere, 스미스 오 라피트smith haut lafitte, 탈보talbot

파리대학 　　아비뇽대학 　　프라하대학

그림 16 아우구스트 가문의 문장이
마이센 도자기에 활용된 사례.

그림 17 졸링겐 대장장이 길드 조합이 등록한
주방용 칼 제조업체 헹켈의 쌍둥이 로고.

그림 18 '삽'을 로고로 쓰는 스파텐 뮌헨과 '사자'를 로고로 쓰는 뢰벤 브로이.

등 거의 모든 와인 병에 문장이 등장한다. 그랑 크뤼 특등급 와인에 든
5개 와이너리 제품도 예외가 아니다.

다섯 개 화살이 막은
와인 전쟁

5

문장이 명맥을 다한 20세기에 문장의 힘으로 새롭게 도약한 가문이 있다. 세계적 금융 재벌인 로트쉴트Rothschild(영어로는 로스차일드, 프랑스어로는 로쉴드) 가문이다. 이 가문에 대한 역사적 평가에 대해서는 의견이 분분하지만 문장이 이 집안사람들에게 큰 힘이 되었다는 데는 모두 견해를 같이한다. 도대체 문장이 부적도 아닌데, 무슨 마술이라도 부렸다는 말인가.

창업자 마이어 암셀Mayer Amschel(1744~1812)은 독일 프랑크푸르트의 가난한 유대인 게토에서 태어났다. 그는 어린 나이에 가장이 되어 은행 사환으로 일하며 골동품 주화를 거래했다. 그러다 독일 황제의 신임을 얻어 부를 축적하고 '붉은 방패'를 뜻하는 '로트쉴트'라는 성도 갖게 되었다. 그는 아들 다섯을 유럽 곳곳으로 보내 19세기 세계 정세를 살피게 했다. 잘로몬Salomon은 빈으로, 나탄Nathan은 런던으로, 카를Carl은 나폴리로, 제임

그림 19 로트쉴트의 창업자인
메이어 암셸 로트쉴트와 다섯 아들.

그림 20 다섯 아들이
합스부르크 황제로부터 받은 문장.

스James는 파리로 보내고, 막내 암셸은 프랑크푸르트에서 형들이 보내오는 소식을 취합하게 했다. 이들 가문 내 빠른 정보 교환 덕분에 격동기 유럽에서 금융을 지배하는 기업으로 성장했다. 마이어 암셸은 "화살 한 개는 쉽게 부러지지만, 여러 개로 뭉치면 절대 부러지거나 휘지 않는다"는 유언을 남겼다. 1922년 아들들은 합스부르크 황제로부터 남작 작위를 받으면서 문장도 갖게 되었다. 이때 단단히 묶인 다섯 개의 화살을 문장에 넣어 형제끼리 단합하라는 아버지의 유훈을 새겼다. 하지만 그다음 세대에 이르러 화살의 결속은 깨지기 시작했다. 나탄의 아들 나사니엘 Nathaniel(1812~1870)이 와인 제조에 뛰어들었고 곧이어 그의 삼촌이자 장인인 제임스 남작도 같은 동네 포도밭을 매입했다. 나사니엘의 '샤토 무통 로쉴드'는 1855년 와인 등급 2등급을 받았지만, 제임스가 산 샤토 라피트는 1등급 와인을 생산하는 포도밭이었다. 그 당시 보르도 와인 등급은 쉽게 바뀌는 체계가 아니었다. 그래도 나사니엘은 1등급을 받기 위해

총력을 기울였고, 라피트는 무통이 1등급이 되는 것을 온 힘을 다해 막았다. 결과는 무통의 패배였다.

그러나 나사니엘의 증손자 필리프Philippe Rothschild(1902~1988)가 스무 살에 포도원을 맡으면서 판세는 역전된다. 다른 샤토와 단합해 포도 경작과 양조, 숙성, 포장에 이르는 모든 과정을 생산자가 담당하게 해 품질을 끌어올렸다. 1924년 빈티지 라벨에는 문장의 다섯 화살 문양을 부착해 친척의 협조를 당부하는 메시지를 보냈다. 그리고 1973년 무통은 1등급 와인으로 승격되었다. 화해의 노력은 계속됐지만 가문의 불화는 사그라들지 않았다.

2003년 와인 사업을 하고 있는 로쉴드(로트쉴트) 가문 세 분파가 모였다. 이제는 할아버지의 뜻대로 화합할 때라는 데 의견을 모았다. 그리고 3분의 1씩 투자해 10여 년간 힘을 모아 로쉴드 이름의 최고 샴페인을 만

그림 21 샤토 라피트 로쉴드 와인에 각인된 문장 로고.

그림 22 대립하던 로쉴드 세 가문이 공동의 힘으로 제조한 로쉴드 샴페인.

들자는 공동 목표도 세웠다. 라피트 로쉴드도 화해의 표시로 와인 라벨과 코르크에 한데 묶인 다섯 개 화살을 넣었다. 그리고 2009년 '샴페인 바롱 드 로쉴드Champagne Barons de Rothschild라는 최고급 샴페인이 탄생했다. 포도주 라벨을 장식한 것은 물론 가문의 문장과 한데 묶인 다섯 개의 화살이었다. 문장이 문장의 힘을 상실한 20세기 로쉴드가의 문장은 사촌 간 전쟁을 막는 부적이었다.

그림 25 문장 디자인에서 아이디어를 가져온 것으로 보이는 자동차 로고.

문장 디자인에서 아이디어를 얻은 자동차 로고로는 뷰익이 있다. 스코틀랜드 출신의 데이비드 뷰익이 만든 뷰익Buick은 나란히 놓인 3개의 방패를 심벌로 쓰고 있다. 마세라티Maserati의 포세이돈의 삼지창, 스코다 SKODA의 날개 달린 화살, 메르세데스 벤츠Mercedes Benz의 꼭짓점이 3개인 별은 모두 문장 디자인의 영향을 강하게 보이는 로고다.

21세기 축구장에 출현한 문장

7

프랑스의 사회학자 미셸 마페졸리Michel Maffesoli는 비슷한 취향을 지닌 사람들끼리 함께 어울리고자 하는 현대인들의 공동체적 충동을 '포스트모던 부족주의'라고 정의한 바 있다. 인터넷 카페나 스타 팬클럽, 스포츠 서포터즈, 인터넷 게임 길드 조직 등은 모두 신부족주의의 현대적 양상이라 할 수 있다. 신부족주의 공동체에서 시각 상징은 매체 이상의 의미를 지닌다. 강력한 연대감을 조성할 뿐만 아니라 집단적 정체성을 확인해주는 주술적 힘까지 행사한다.[7] 이는 중세 문장이 지녔던 기능이기도 했다. 특히 4년마다 열리는 월드컵 축구는 중세 문장이 불러일으키는 신부족주의의 집단적 열기와 연대감을 확인할 수 있는 대표적인 축제다.

19세기 영국 사립학교의 엘리트 교육의 방편으로 강구된 축구는 20세기 초반에 들어서 노동자 계급의 스포츠로 성장해 오늘날에 이른다. 별다른 장비도 필요 없고 참가 인원의 제한도 없으며 규칙 또한 단순해 누구나 즐기는 스포츠가 되었다. 축구만큼 열광적이고 격렬한 반응을 불러 일으키는 종목도 없을 것이다. 객관적인 전력 차이가 있어도 정신력이나 경기장 분위기로 승부가 반전되고 약체 팀도 강력한 우승 후보를 물리치는 이변이 연출된다. 이러한 역동성 덕분에 축구는 민족과 도시, 국가에 대한 응집력을 발휘한다.

월드컵에서는 각국의 선수들이 국가 상징을 가슴에 달고 치열하게 싸운다. UEFA 챔피언스리그, 프리미어리그에서는 각 지역을 대표하는 선수들이 축구공 하나를 두고 맹공을 펼친다. 덕분에 현대 축구는 전쟁의 대리전 양상마저 띠고 있다. 스페인의 레알마드리드와 FC바르셀로나의 경기는 마드리드와 바르셀로나의 해묵은 감정이 표출되는 전쟁이다. 레알마드리드가 마드리드시 문장의 왕관을 로고로 가져온 것이나, FC바르셀로나가 바르셀로나 국기와 수호성인 십자가를 심벌로 채택한 것도 이런 맥락이다.

중세 스페인에는 여러 왕국이 공존했다. 중앙의 카스티야와 동북부의 카탈로니아는 대표적인 왕국이었다. 두 나라는 8세기부터 이곳을 정복한 아랍인들을 함께 몰아내면서 15세기 말에는 스페인 통일 왕국이 된다. 하지만 스페인의 중심이 점점 카스티야로 이동하면서 중세부터 번영을 누렸던 카탈로니아는 일개 지방으로 전락한다. 자치권마저 잃자 최근에는 문화적 정체성이 다르다는 이유를 들어 분리 독립을 요구하고 있다. 이런 카탈로니아에 대해 카스티야는 하나 된 스페인을 주장하고 있다. 카스티야를 대표하는 팀이 레알마드리드이고, 카탈로니아의 자존심이 FC바르셀로나다. 두 팀의 싸움이 서로 물러설 수 없는 한판 전쟁이 되는 것도

그림 26 레알마드리드와 FC바르셀로나의 로고.

그림 27 같은 밀라노를 근거지로 싸우는
인터밀란과 AC밀란의 로고.

당연하다.

밀라노를 근거지로 하는 인터밀란과 AC밀란도 숙적관계다. 인터밀란
은 밀라노의 비스콘티 가문의 문장에 나오는 비시오네의 푸른색을 로고
와 유니폼에 활용하고 있고, AC밀란은 밀라노시를 상징하는 성 조지 십
자가를 문장에 넣었다. 또 로소네리Rossoneri라는 애칭으로 불리는 검은색
과 빨간색이 교차하는 유니폼으로 파란색과 흰색이 교차하는 인터밀란
과 선명한 대조를 이룬다.

런던에 뿌리를 둔 첼시와 아스날의 관계도 마찬가지다. 런던 풀럼이 연
고지인 첼시의 사자 로고는 클럽 회장 윌리엄 캐도건William Cadogan 백작
의 문장에서 나온 것이다. 런던 울위치에서 출발한 아스날은 울위치 문
장의 대포를 로고에 담고 있다. 울위치는 수도 런던의 방위를 위해 군수
공장이 위치했던 곳으로 아스날 축구의 창단 멤버도 이 군수 공장 노동
자들이었다. 이외에도 독일 바이에른 뮌헨은 바이에른 문장을, 이탈리아

그림 28 문장을 활용한 유럽 축구팀들.

ACF피오렌티나는 피렌체시의 백합 문장을 사용하고 있다.

　중세인들이 타임머신을 타고 현대로 와 축구 경기를 관람한다면 아마 중세 기사들의 마상 시합에 온 것처럼 느낄 것이다. 군중의 응원과 환호, 바람에 나부끼는 엠블럼은 중세 기사들의 창 싸움으로 보이기에 충분하다. 유니폼에 엠블럼을 새기고 필드를 달리는 강인한 선수들과 열광하는 관중의 구도는 두 패로 나뉘어 싸우는 중세의 토너먼트와 크게 다르지 않다. 오늘날 국가대표 축구선수 유니폼에 새겨진 엠블럼도 기사들이 착용한 문장과 모양이 꽤 비슷하다. 대표 선수의 심장 위에 자리한 엠블럼은 곧 국가의 역사와 자존심이다. 각 국가는 월드컵 엠블럼 디자인에 심혈을 기울인다. 여기에도 역시 국기와 국가 문장, 혹은 국가의 대표적 상징으로 사랑받는 동물이 활용된다. 이런 관점에서 2018년 월드컵 축구 대표팀 엠블럼을 분석하면 다음의 다섯 가지로 구분될 수 있다.

KOREA
한국

일본

잉글랜드

F F F
프랑스

독일

스페인

포르투갈

이탈리아

네덜란드

러시아

크로아티아

스위스

우루과이

아르헨티나

폴란드

덴마크

스웨덴

멕시코

벨기에

콜롬비아

BRASIL
브라질

그림 29 2018년 월드컵 축구 대표팀 엠블럼.

1	국기와 대표팀 마크가 동일한 나라	스위스, 스웨덴
2	국기와 대표팀 마크가 비슷한 나라	이탈리아, 벨기에
3	대표팀 마크로 문장을 쓰거나 변형한 나라	스페인, 포르투갈, 네덜란드, 독일, 잉글랜드, 크로아티아, 브라질, 이탈리아
4	문장의 주요 색을 대표팀 마크에 활용한 나라	콜롬비아, 브라질, 아르헨티나, 우루과이, 덴마크
5	문장과 국기와 무관한 마크를 쓰는 나라	덴마크, 프랑스, 일본, 한국

1번과 4번에 속하는 나라는 국기와 문장, 팀 마크를 보면 금방 이해할 것이고, 5번에 해당되는 나라에 대해서는 부연 설명이 필요하다. 덴마크는 문장과는 무관하지만 국기 바탕색을 사용한다. 여기에 덴마크 축구

그림 30 프랑스 남부 몽펠리에 축구 팬들이 20년 만에 차지한 월드컵을 축하하고 있다.[8]

협회에 해당되는 덴마크어 'Dansk Boldspil-Union'의 이니셜을 새긴 것이다. 그리고 한국, 일본, 프랑스는 각각 호랑이, 삼족오, 수탉을 마크로 쓴다. 호랑이는 한국인에게 영험하면서도 친근한 존재다. 산신으로 숭배되는 한편 해학적인 모습으로 민화에 등장하기도 한다. 그래서 한국이 호랑이를 대표팀 마크로 쓰는 것에 이의를 제기할 국민은 많지 않을 것이다. 일본은 동아시아권에서 태양을 상징하는 전설상의 새, 삼족오를 발빠르게 자국의 심벌로 가져왔다. 그리고 프랑스의 수탉은 프랑스 혁명 당시 왕실의 백합 문장을 버리고 취한 시민의 상징이다. 2018년 러시아 월드컵 결승에서 크로아티아를 4대 2로 누르고 우승한 프랑스 국민이 축하하는 그림 30을 보면 자연스럽게 프랑스 혁명 때의 수탉 상징을 떠올리게 된다.

「왕좌의 게임」과 문장

8

중세 문장이 21세기 세계 안방극장을 점령했다. 조지 마틴의 판타지 소설 『얼음과 불의 노래A Song of Ice and Fire』(1996)는 2009년 HBO에 의해 TV 드라마로 제작되어 세계적 돌풍을 일으켰다. 2018년에는 에미상 최우수 드라마 상을 수상하기도 했다. 작품의 모티브가 된 영국의 장미전쟁과 모리스 드뤼옹의 소설 『미친 왕The Accursed Kings』은 중세 문장을 배경으로 한다.9 「왕좌의 게임」 역시 '문장의 게임'이라 해도 과언이 아닐 정도로 문장이 중요한 역할을 한다.

마틴의 가상세계는 웨스테로스Westeros와 에소스Essos로 구성되어 있다. 문명은 에소스 대륙에서 시작된다. 발라리아 왕국의 타가르엔 가문이 화산지대에서 발견한 드래곤을 길들이는 법을 터득하면서 지배자로 부상한다. 근친혼으로 마법적인 능력을 자기 가문에만 전수한다. 결국 세력을 키워 웨스테로스 대륙으로 건너가 7 왕국을 통일한다. 하지만 왕의 광기가 도지면서 민심을 잃고 결국 반란으로 무너지고 만다. 대너리스 공주만 살아남아 에소스에서 자기 세력을 구축하고 재기를 노린다.

이제 무대는 웨스테로스로 옮겨간다. 미친 왕을 몰아낸 로버트가 왕위에 오르자마자 보좌관 존 아린은 의문을 죽임을 당한다. 로버트 자신도 사냥 중 멧돼지 공격을 받아 급사한다. 왕위가 어린 아들 조프리에게 넘어가자 7 왕국에는 다시 전운이 감돈다. 웨스테로스 북쪽 얼음벽 너머에는 초자연적 존재인 아더와 백귀가 깨어나 대륙의 인간들을 위협한다. 나이트워치들이 지키고는 있지만 점점 더 감당할 수 없는 세력으로 성장한다. 주요 가문의 문장을 도표로 그리면 그림 31과 같다.

지도에서 가장 북쪽에 있는 노스North(혹은 윈터펠)의 스타크 가문의 문장은 회색 늑대다. 실제로 집안사람 가운데 늑대의 피를 받은 사람이 태어나기도 한다. 영주 네드 스타크의 여동생 리안나와 네드의 딸 아리아

| 스타크 | 아린 | 툴리 | 라니스터 | 타가르엔 |

| 티렐 | 바라테온 | 마르텔 | 그레이조이 | 조프리 라니스터 |

그림 31 「왕좌의 게임」에 등장하는 주요 가문의 문장.

그림 32 웨스테로스 대륙 7 왕국을
각 가문의 문장으로 표시한 지도.

그림 33 왕국 문장을 왕국의
지명과 병기한 지도.

는 늑대 기질이 다분하고, 아들 브랜은 미래를 예언하는 능력이 뛰어나다. '겨울이 오고 있다'는 모토는 이 가문 사람들이 준비성 강하고 인내심 있는 이들임을 나타낸다. 모티브가 된 나라는 스코틀랜드다.

바로 밑에 위치한 베일Vale의 아린 가문은 왕권에는 별 관심이 없고 계곡 방어에만 열중하는 집안이다. 중립국 성격이 강해 스위스를 모티브로 했을 가능성이 높다. 나는 새 문장과 '명예를 드높이'라는 모토는 이 가문 출신 존 아린의 사람됨을 드러낸다. 그는 네드 스타크와 로버트 바라테온의 스승으로 존경을 받았으며 왕의 보좌관으로 모자람이 없었다. 아린은 왕을 위해 명예롭게 일하지만 아내 리사에게 독살 당한다.

리버랜즈Riverlands를 지배하는 툴리의 문장은 강물 위로 도약하는 물고기, 모토는 '가족, 의무, 명예'다. 이 가문의 큰딸 케이틀린은 윈터펠의 네드와 결혼해 가족을 위해 헌신하는 여성으로 성장한다. 하지만 둘째 딸 리사는 리틀핑거라는 남자를 연모해 남편까지 독살하는 무서운 여자다. 문장의 지향과 전혀 다른 사람도 나올 수 있음을 보여주는 인물이다. 책임감 강하고 강직한 케이틀린의 성격에 비춰보면 독일이 모티브가 되었을 것으로 추측된다.

그 아래 웨스터랜드Westerland의 주인은 라니스터 가문이다. 붉은 바탕에 황금 사자, '나의 목소리를 들어라'라는 모토는 이 집안이 대단한 세력가임을 나타낸다. 문장을 보면 잉글랜드가 모티브가 되었음을 쉽게 짐작할 수 있다. 이 집안사람들은 권력을 위해서라면 무엇이든 할 수 있다고 생각한다. 영주인 타이윈이 특히 그렇다. 타고난 현실감각으로 제이미와 서시, 티리온 삼남매를 지배한다. 막내아들 난쟁이 티리온은 아들로도 생각하지 않는 반면, 큰아들 제이미와 딸 서시는 근친상간 관계임을 알면서도 문제 삼지 않을 정도로 중히 여긴다.

크라운랜즈Crownlands는 7 왕국을 지배하는 왕이 거하는 땅으로, 런던을 염두에 둔 지역이다. 이곳의 원래 주인인 타가르엔 가문은 머리가 셋 달린 용 문장을 사용한다. 용을 상징으로 삼은 것은 동양(작품에서는 에소스 대륙)의 전통이다. 실제 작품에서도 타가르엔은 에소스 대륙의 발라리아에서 기원했다고 서술된다. 은색 머리카락에 보라색 눈동자는 이들의 혈통이 범상치 않음을 암시한다. 용을 다스리는 힘을 독점하고자 근친혼을 고집한 나머지 신비한 능력과 함께 정신병도 유전되는 집안이다.

이 가문의 핏줄을 받은 사람만이 용을 다스릴 능력을 지니게 된다. 화산재에서 태어난 용을 길들일 정도로 불에 강한 것이 특징이다. 이런 능력과 특징이 모토 '불과 피'에 그대로 반영되어 있다.

리치Reach를 다스리는 티렐은 녹색 바탕에 노란 장미를 문장으로 쓴다. 식물을 문장으로 삼는 농업국이라는 점에서 백합 문장의 프랑스가 모티브가 된 것으로 보인다. 원래 받들던 가문의 대가 끊기면서 대영주가 된 집안이기 때문에 애초에 권력 기반이 약하다. 그런 까닭에 마저리 공주를 정략결혼에 활용해 왕좌에 다가가고자 한다. '점점 더 강해지리'라는 로고는 이런 희망과 기대를 담고 있다. 티렐 가문 사람들은 동성애도 사랑의 한 모습으로 인정할 정도로 개방적이고, 가난한 국민을 위해 왕실의 창고를 열 정도로 인정이 많다.

스톰랜즈Stormlands의 바라테온 가문은 수사슴 문장을 상징으로 한다. 바라테온 삼형제는 용맹스럽지만 어디에 한번 빠지면 헤어나오지 못하는 약점을 지녔다. 맏이인 로버트 바라테온은 반란에 성공해 왕이 되지만 죽은 약혼녀 리아나를 잊지 못해 술에 빠져 살다 죽는다. 둘째 스타니스는 왕좌를 계승한 조카가 형의 아들이 아니란 사실을 알고 왕권에 도전하지만 불의 신이라는 이상한 종교에 빠져 파멸하고 만다. 막내 랜리는 두 형과 달리 온화한 성격을 지니고 있지만 처남과 동성애에 빠져 비극적인 최후를 맞는다. 화가 나면 뿔로 들이받고 보는 수사슴처럼 삼형제가 모두 열정적이고 급하다. '분노는 우리의 것'이라는 모토는 삼형제의 이런 성향을 대변한다. 웨일스를 모티브로 한 왕국이다.

대륙 남단에 위치한 도른Dorne은 수도가 선스피어Sunspear라는 창과 태양이 결합된 캔팅 문장을 사용한다. "굴복하지 않고, 굽히지 않고, 무너지지 않는다"는 모토는 이 집안사람들의 고집스러운 근성을 드러낸다. 타가르엔이 웨스테로스를 정복했을 때 유일하게 복속하지 못한 땅이 도른이었다. 마르텔 가문 삼남매(도란, 엘리아, 오베린)의 관계도 유난히 끈끈하다. 병약하나 신중한 도란과 달리 오베린은 자유분방하고 다혈질이다. 누나 엘리아와 두 조카가 라니스터 가문에 의해 잔혹하게 피살되자 급하게 복수를 꾀하다가 역공을 당한다. 스페인을 염두에 두고 설계된 나라다.

서쪽 해안에 위치한 강철군도Iron Isles는 그레이조이 가문이 지배하는 땅이다. 그레이조이 가문은 검은 바탕에 노란색 크라켄을 문장으로 한다. 크라켄은 북유럽 신화에 등장하는 바다괴물로 오징어와 비슷한 상상의 동물이다. 바이킹의 나라 노르웨이를 상정하고 설계된 나라다. '우리는 씨를 뿌리지 않는다'는 모토는 해적질을 정당화하는 것으로, '생산이 아닌 약탈로 먹고산다'는 것을 의미한다. 약탈과 전투 외에 모든 것이 비천하다고 여기는 사람들이다.

마지막 문장은 로버트 바라테온과 서시 라니스터의 아들 조프리의 문장이다. 아버지 바라테온의 수사슴 문장과 어머니 라니스터의 사자 문장을 합성한 것을 쓰고 있다. 이 문장 형식 역시 중세 문장 규칙을 그대로 따르고 있다. 바라테온 가문과 라니스터 가문의 실제 권력이 모두 이 아들에게 있음을 문장이 잘 보여주고 있다. 하지만 조프리는 타고난 권력만 믿고 강철 왕좌에 어울리는 인격을 키우지 못한 탓에 어린 나이에 파멸한다.

「왕좌의 게임」에서는 이야기 진행과 동시에 세 가지 전쟁이 일어난다.

하나는 부당한 권력을 몰아내기 위해 일어나는 웨스테로스 내의 전쟁이고, 다른 하나는 잃어버린 왕좌를 되찾으려고 대너리스가 대륙 밖에서 일으키는 전쟁이다. 나머지 하나는 두 대륙 사람들을 무너뜨리려고 북쪽에서 내려오는 초자연적 존재들과 벌이는 전쟁이다. 인간도 이기고 초자연적 존재와도 싸워서 승리하는 자만이 진정한 '강철 왕좌'의 주인이 된다.

그림 31에 제시된 주요 가문 외 다른 가문도 문장으로 상징된다. 이 작품에서 문장은 왕권을 놓고 싸우는 각 가문의 성격과 운명을 담고 있다. 등장인물의 삶의 출발지이자 귀착점이기도 하다. 작가가 작품에 숨겨놓은 복선 역할을 대신하기도 한다. 잠시 맥락을 놓친 시청자와 독자에게는 잃어버린 길을 찾아주는 안내판 구실을 한다. 문장이 없다면 이 거대한 서사 판타지는 작동이 불가능할 것이다. 작품에서 문장은 과거의 이야기를 담은 채 새로운 미래의 이야기를 우리에게 건넨다. 그것은 판타지의 문장만이 하는 역할 같지는 않다. 오늘날 우리가 마주한 중세 문장도 이런 야누스의 얼굴을 하고 있다.

문장, 어떻게 연구할 것인가

9

문장은 중세를 끝으로 사라진 것이 아니다. 현재에도 영향력을 발휘하고 있다. 「왕좌의 게임」에서 살펴보았듯이 착용자의 정체성뿐만 아니라 성격까지도 담고 있다. 문장을 착용하고 디자인한 당대 사람들의 열망, 신앙, 문화, 감성까지 포함하고 있기에 문장 연구는 문화 연구로 확장될 수 있다. 특정 색조와 특정 문양이 선호되는 이유를 밝히는 디자인 연구로 이어질 수도 있다. 또한 나라별 문장의 특성을 살피는 지역 연구로 발전할 수도 있다. 예를 들면 영국, 프랑스, 네덜란드, 남독일, 라인란트 지역에서 문장은 군사적 의미를 내포하지만, 이탈리아, 스페인, 포르투갈, 폴란드, 스칸디나비아에서 문장은 군사적 의미와는 무관하게 쓰였다. 왜 이런 지역적 차이가 발생하게 되었는지 지역별 연구도 요구된다.

또 문양에 기초하여 중세 문장을 요약하면 사자와 독수리의 대결이라고 볼 수 있다. 왕과 영주의 권력이 강력한 지역에서는 문장에서 사자가 선호되고 독수리는 찾아보기 어렵다. 백수의 왕이 공존할 수 없다는 단순한 이유에서만은 아니었다. 많은 귀족이 정치적인 이유로 사자와 독수리 중 하나를 선택했다. 사자는 왕을, 독수리는 황제를 신봉한다는 뜻이었다. 예를 들면 부르고뉴의 왕 오토 4세가 자신의 가문을 상징하던 독수리를 버리고 사자를 선택한 것은 자신 위에 군림하던 황제와의 연대를 완전히 끊어버리기 위함이었다. 오토 4세의 사자 문장은 여기서 그치지 않는다. 그가 다스리던 지역에 계승되어 프랑슈콩테Franche-Comté 문장이 되었다. 이것은 19세기 이곳에 회사를 설립한 자동차 회사 푸조의 사자 심벌로 재탄생된다. 문장에 나타난 사자와 독수리의 적대적 관계를 이해하는 것은 현대 로고 디자인에도 분명히 참작되어야 할 부분이다. 만약 사자와 독수리가 하나의 심벌마크에 등장한다면 그것은 부조리한 상황이 되는 것이다.

　13세기에서 18세기 중세 유럽 문장의 색채 사용 빈도를 살펴보면 적

그림 34 부르고뉴의
오토 4세의 문장. 황제와
의 연대를 끊고자
기존의 독수리를 사자로
대치했다.

색에 비해 청색의 사용이 폭발적으로 증가했음을 알 수 있다. 청색은 로마 시대부터 야만의 색이라 규정되었던 색이다. 샤를마뉴 대제 때만 하더라도 왕이나 백작은 의복에 청색을 넣지 않았다. 문장에서 청색의 선호는 현대 유럽인의 색깔 선호에까지 이어지고 있다. 문장 연구가 선행된다면 더 다양하고 풍부한 트렌드 분석이 가능할 것이다. 시대별 문장 연구를 통해 시대의 패션과 취향을 드러내고 문화적 체계와 지각의 역사까지 담아내는 방향으로 문장 연구는 나아가야 할 것이다.

문장 연구가 해결해야 할 또 다른 숙제는 문장에 나타나는 악한 동물과 선한 동물에 대한 인식 체계를 정리하는 것이다. 곰은 북유럽에서 13세기 말까지 동물의 왕으로 선호되었다. 덴마크와 독일 가계에는 특히 곰을 이용한 캔팅 문장이 많았다. 그런데 곰의 인기는 차츰 사라지고 지금은 일부 지역을 제외하고는 문장에서 쓰이지 않는다. 곰 외에도 뱀과 용, 개구리, 멧돼지, 개 등 동물 상징에 대한 지역별·문화권별·시대별 인식 차는 크고 다양하지만 아직까지 체계적인 자료로 정리되지 않았다.

직종별 독점을 맡은 길드 문장이 현대의 상표나 회사 로고로 발전한 양상도 앞으로 문장 연구가 밝혀야 할 주제다. 길드 문장은 조직의 결속과 책임 소재, 특권 명시의 필요성 때문에 생겨났다. 시민사회가 성장하면서 길드도 세분화되었고, 문장을 앞세운 길드 조직은 유럽에서 정치 조직으로 성장했다. 오늘날 기업의 전신이기도 한 길드 조직이 문장을 통해 얻고자 했던 것은 무엇일까? 현대 기업이 얻고자 하는 것과 유사한 것인가? 헤르메스의 지팡이는 왜 약국의 로고가 되었는가? 이러한 연결고리를 찾는 과정에서 문장 연구는 필수적으로 동반된다.

유럽에서는 문장 연구가 점차 부활하고 있다. 문장은 학자의 전유물이 아니라 일상적인 삶의 일부로 이해되고 있다. 『반지의 제왕』『해리포터』와 같은 중세 배경의 판타지에서 문장은 판타지 세계관을 대신하기도 한다. 문장은 기업 로고로 활용되는가 하면 세계의 국기에도 문장의 색조 배합과 규칙이 통용되고 있다. 현대에도 중세 문장의 영향은 사라지지 않고 오히려 더 강해지고 있다. 이것은 유럽에 국한된 것이 아닌 전 세계적인 현상이다. 동양에 살고 있는 우리가 문장을 공부하고 알아야 하는 이유가 여기에 있다.

주註

머리말

1   Stefan Oliver, *Introduction to Heraldry*. David & Charles, 2002. p. 44.

2   Michel Pastoureau, *Les Armoiries*, Turnhout: Brepols, 1998. p. 23, 29, 33.

3   Peter Cross & Maurice Keen, *Heraldry, Pagentry and Social Display in Medieval England*, Woodbridge: Boydell & Brewer, p. 63.

1부

1   Ian Barnes, *The Historical Atlas of Knights and Castles*, Quantum Books, 2007 p.176.

2   14세기부터 문장관은 타바드라는 특별한 외투를 입었다. 이것은 문장관이 고용된 군주 혹은 영주의 문장을 담은 일종의 튜닉이었다. 영국 왕실 공식 행사에서 타바드는 지금도 사용된다.

3   Stephen Friar, *A Dictionary of Heraldry*. New York: Harmony Books, 1987. p.

183.

4   https://publicdomainreview.org/collections/radical-fashion-from-the-schembart-carnival/

5   Charles Zika, *Exorcising Our Demons: Magic, Witchcraft, and Visual Culture in Early Modern Europe*, Boston: Bril, 2003, p. 580-584.

6   Rita Staccini, *L'arte dei Ciabattini di Perugia*. Perugia: Editrice umbra cooperativa, 1987, p. 52

7   Michel Pastoureau, *Traite d'heralique*, Paris: Picard, 1979, p. 51.

8   Joseph Campbell, *Flight of the Wild Gander*, California: New World Library, 2002, p. 143.

9   Stephen Friar & John Ferguson. *Basic Heraldry*. Quadrillion Publishing Ltd, 1999, p. 9.

10   이 태피스트리는 길이 70여 미터, 폭 50센티미터의 아마포 위에 다양한 색실로 자수를 놓은 작품이다. 무게만 350킬로그램, 2007년 유네스코 세계기록유산으로 지정됐다. 윌리엄이 영국을 정복한 과정을 50개 장면으로 압축해 시민들에게 알리고자 제작되었다. 현재 바이외 성당에 보관 중이며, 매년 7월 첫째 주말에 개최되는 중세 축제 기간에 이곳에서 전시된다. 수녀들이 수를 놓았다는 설도 있지만, 윌리엄의 이복동생이 전문가들을 한 장소에서 모아놓고 제작했다는 주장이 최근 더 힘을 얻고 있다. 2018년 마크롱 프랑스 대통령이 영국에 대여하겠다는 뜻을 밝혀 화제가 되기도 했다. 유물이 안전하게 옮겨질 수 있는지 까다로운 확인 테스트를 해야 하기 때문에 바이외 성당이 수리에 들어가는 2022년쯤에야 영국 전시가 가능할 것으로 보인다.

11   Vaclav Vok Filip, *Einführung in die Heraldik*, Stuttgart, 2011, p. 48.

12   T. R. Davies, "As It was in the Beginning" Coat of Arms no 109, 1979. http//www.theheraldrysociety.com/articles/early_history_of_heraldry/origins_of_heraldry_by_davies.htm

13   도현신, 『지도에서 사라진 사람들』, 서해문집, 2013, p. 30.

14   Rafal T. Prinke, "Hermetic Heraldry", *The Hermetic Journal*, 1989, p. 63-64.

15   Pastoureau, *Traité d'héraldique*, p. 198-202.

16   Beryl Platts, *Origins of Heraldry*, London: Protector Press, 1980, p. 32.

17   Thomas Woodcock, *The Oxford Guide to Heraldry*, Oxford UP, 1988, p. 1.

18   George Squibb, "The Law of Arms in England", *The Coat of Arms II* (15), 1953, p. 244.

19   Adrian Ailes, *The Origins of the Royal Arms of England: Their Development to 1199*, Reading: Reading UP, 1982, pp. 52-53.

20   John Gage, *Color and Culture: Practice and Meaning from Antiquity to Abstraction*, Thames & Hudson, 1995, p. 53.

21   Jim Bradbury, *The Routledge Companion to Medieval Warfare*, 2004, p. 273

22   Pastoureau, *Traite d'heralique*, p. 30-31.

23   르망 성당에 있던 이 묘지석은 현재 르망 박물관에 보존되어 있다.

24   http://www.englishmonarchs.co.uk/plantagenet_78.html

25   Henry Bedingfeld & Peter Gwynn-Jones, *Heraldry*, London: Bison Books, 1993, p. 14.

26   Suzanne Lewis, "The Art of Matthew Paris in the Chronica Majora", *California Sstudies in the History of Art*, (21), California UP, 1987, p. 181.

27   http://www.earlyblazon.com/earlyblazon/galleries/seal1.htm

28   장미전쟁은 1455~1485년에 일어난 영국 귀족들의 왕위 쟁탈전이다. 랭카스터가家는 붉은 장미를, 요크가家는 흰 장미를 문장으로 사용했기에 장미전쟁이라는 이름이 붙었다. 랭카스터가의 헨리 튜더가 내란을 종식하고 헨리 7세로 등극해 요크가의 엘리자베스와 결혼함으로써 전쟁은 종결된다. 30년간 지속된 귀족 간의 싸움으로 귀족들의 숫자가 급감했고 봉건무사 계급도 몰락했다. 의회의 기능과 역할도 일찍부터 강화될 수 있었다. 영국이 프랑스 혁명과 같은 민중 봉기 없이 비교적 수월하게 민주주의를 정착시킬 수 있었던 것은 장미전쟁 덕분이다. 오랜 내전으로 귀족의 힘이 약화되

었기 때문에 그 밑에 속한 실력 있는 젠트리 계층이 사회 지도층 인사로 부상하는 능력 중심 사회가 될 수 있었다. 조지 마틴의 판타지 『얼음과 불의 노래』는 영국의 장미 전쟁을 기초로 하고 있다. 라니스터 가문은 랭카스터가에서, 스타크 가문은 요크가에서 각각 모티브를 가져왔다.

29 https://www.highlandtitles.com/2014/10/heraldry-history-and-language/

30 T. J. Cornell & T. B. Allen, *War and Games*, Suffolk: Boydell Press, 2003, p. 93.

31 https://www.facsimilefinder.com/facsimiles/tournament-book-of-rene-d-anjou-facsimile#&gid=1&pid=6

32 https://www.outfit4events.com/eur/articles/historical-armor/medieval-tournaments-arms/

33 Edmond Pognon, *Le Livre des Tournois du Roi René*, Paris: Editions Hercher, 1986, pp. 22-27.

34 Edmond Pognon, Le Livre des Tournois du Roi Rene, Paris: Editions Hercher, 1986, p. 73.

35 프랑크 왕국의 클로비스 1세(재위 481~510)가 백합을 왕가 문장으로 처음 도입했다는 주장이 있기는 하지만 확인할 수는 없다. 클로비스 1세의 기독교 전향에 따른 전설일 가능성이 크다. 전설에 따르면 클로비스 1세는 전투에서 위기를 맞아 기독교로 개종하겠다는 기도를 올리게 된다. 그때 천사가 나타나 백합을 내밀었다. 전투에서 승리한 왕은 프랑크 왕국의 상징으로 백합을 쓰게 되었다.

36 Michel Pastoureau, *Traité d'Héraldique*, Paris, 1979.

37 https://www.flickr.com/photos/paulodykes/28444339910

38 http://www.outandaboutinparis.com/2014/05/completely-charmed-by-chartres-weekend.html

39 https://www.welcome2paris-guide.fr/en/guided-tour-sainte-chapelle

40 Pastoureau, *An Introduction to a Noble Tradition*, New York: Harry N. Abrams, Inc., p. 20.

41   https://wikivisually.com/wiki/Eleanor_Holland,_Countess_of_Salisbury

42   https://www.metmuseum.org/toah/works-of-art/1975.1.1015/

43   *The Metropolitan Museum of Art Guide*, New York: Metropolitan Museum of
      Art, p. 341.

44   https://www.mfa.org/collections/object/plate-with-oak-pattern-
      cerquate-58504

45   https://www.mfa.org/collections/object/coat-of-arms-of-death-36760

46   ClanPringle.org Amicitia Reddit Honores

47   Pastoureau, *Traité d'éaldique*, p. 11.

48   http://bernard-richard-histoire.com/2014/09/24/le-coq-gaulois-embleme-
      des-francais/

49   http://www.internationalheraldry.com/

2부

1   유희수, 『사제와 광대』, 문학과지성사, p. 144-145.

2   http://www.ngw.nl/heraldrywiki/index.php?title=File:Cantons6.chpc.jpg

3   Arthur C. Fox-Davies, *A Complete Guide to Heraldry*, New York: Dodge
     Publishing Co, 1909. Arthur C. Fox-Davies, 1909, p. 343.

4   Juliet Barker, *Agincourt: The King, the Campaign, the Battle*. Little, Brown, 2005,
     p. 24.

5   Thomas Eriksen, *Flag, Nation and Symbolism in Europe and America*,
     Routledge, 2007, p. 81

6   Arthur C. Fox-Davies, *A Complete Guide to Heraldry*, New York: Dodge
     Publishing Co, 1909, p. 559.

7   Antonia Fraser, *The Lives of the Kings & Queens of England*. Queens, 2000. p, 44.

8   https://www.britannica.com/topic/cadency

9   Charles Boutell, *Boutell's Heraldry*, London: Frederick Warne, 1978, pp. 205–222.

10   https://archive.org/details/scotspeeragefoun01pauluoft/page/n8

11   https://www.shakespeare.org.uk/explore-shakespeare/shakespedia/william-shakespeare/shakespeare-coat-arms/

12   Michel Pastoureau, *Heraldry: An Introduction to a Noble Tradition*, London: Thames & Hudson, 1997, p. 82.

13   Jane Turner. *Dictionary of Art*. Oxford UP, 1996 p. 415.

14   Michel Pastoureau, *Traité d'Héraldique*, Picard, 1997, p. 258.

15   펠테질레이아는 14세기 이탈리아의 작가 살루초 후작의 「기사의 임무Le Chevalier Errant」에도 나오고 15세기 프랑스의 아홉 위인 여성에도 선정된다.

16   https://www.wwnorton.com/college/english/nael/middleages/topic_2/illustrations/imworthlg.htm

17   Rodney Dennys, *The Heraldic Imagination*, Clarkson Potter, 1975.

3부

1   https://www.pinterest.co.kr/pin/449937818997687255/

2   https://dc.uwm.edu/etd/359/

3   Julia Kaziewicz, *Study and Teaching Guide for The History of the Renaissance World, Charles City*, VA: The Well-Trained Mind Press, 2017. p. 579–580.

4   쓰자하라 야스오, 『국기의 세계사』, 박경옥 옮김, 황금가지, 2005, p. 79.

5   하마모토 다카시, 『문장으로 보는 유럽사』, 박지현 옮김, 달과소, 2004, p. 210

6   Per Mollerup, *Marks of Excellence: The History and Taxonomy of Trademark*, London & New York: Phaidon Press, 1998, p.15.

7   Michel Maffesoli, *The Time of the Tribes: The Decline of Individualism in Mass Society*, Sage, 1996, p. 11.

8   http://www.hankookilbo.com/v/4196ec2702d4487e8bda38b600e0147c

9   Milne, Ben (April 4, 2014). "Game of Thrones: The cult French novel that inspired George RR Martin", BBC. Retrieved April 6, 2014.

참고문헌

Ailes, Adrian. *The Origins of the Royal Arms of England: Their Development to 1199.* Reading: Reading UP. 982.

Barker, Juliet. *Agincourt: The King, the Campaign, the Battle.* Little Brown. 2005.

Barnes, Ian. *The Historical Atlas of Knights and Castles.* Quantum Books. 2007.

Bedingfeld, Henry & Peter Gwynn-Jones. *Heraldry.* London: Bison Books. 1993.

Boutell, Charles. *Boutell's Heraldry.* London & New York: Frederick Warne. 1983.

Campbell, Joseph. *Flight of the Wild Gander.* California: New World Library. 2002.

Cornell, T. J. & T. B. Allen. *War and Games.* Suffolk: Boydell Press. 2003.

Cross, Peter & Maurice Keen. *Heraldry, Pagentry and Social Display in Medieval England.* Boydell Press. 2012.

Dennys, Rodney. *The Heraldic Imagination.* Clarkson Potter. 1975.

Davies, T. R. "As It was in the Beginning", Coat of Arms no 109. 1979.

Eriksen, Thomas. *Flag, Nation and Symbolism in Europe and America.* Routledge. 2007.

Filip, Vaclav. *Einführung in die Heraldik*. Stuttgart. 2011.

Friar, Stephen. *A Dictionary of Heraldry*. New York: Harmony Books. 1987.

Friar, Stephen & John Ferguson. *Basic Heraldry*. Quadrillion Publishing Ltd. 1999.

Holt, J. C. *The Age of Feudalism*. New York: Paul Hamlyn. 1970.

Kaziewicz, Julia. *Study and Teaching Guide for The History of the Renaissance World*. VA: The Well-Trained Mind Press. 2017.

Lewis, Suzanne. "The Art of Matthew Paris in the Chronica Majora". *California Studies in the History of Art*. California Up. 1987.

Maffesoli, Michel. *The Time of the Tribes: The Decline of Individualism in Mass Society*. Sage. 1996.

Mollerup, Per. *Marks of Excellence: The History and Taxonomy of Trademark*. London & New York: Phaidon Press. 1998.

Oliver, Stefan. *Introduction to Heraldry*. David & Charles. 2002.

Pastoureau, Michel. *Les Armoiries*. Turnhout: Brepols. 1998.

——————. *Traité d'heralique*. Paris: Picard. 1979.

——————. *Heraldry: An Introduction to a Noble Tradition*. London: Thames & Hudson. 1997.

Platts, Beryl. *Origins of Heraldry*. London: Protector Press. 1980.

Pognon, Edmond. *Le Livre des Tournois du Roi René*. Paris: Editions Hercher. 1986.

Prinke, Rafal T. "Hermetic Heraldry", *The Hermetic Journal*. 1989.

Staccini, Rita. *L'arte dei Ciabattini di Perugia*. Perugia: Editrice umbra cooperativa. 1987.

Squibb, George. "The Law of Arms in England", *The Coat of Arms II* (15). 1953.

Turner, Jane. *Dictionary of Art*. Oxford Up. 1996.

Woodcock, Thomas. *The Oxford Guide to Heraldry*. Oxford Up. 1988.

Zika, Charles. *Exorcising Our Demons: Magic, Witchcraft, and Visual Culture in Early*

Modern Europe. Boston: Bril. 2003.

유희수.『사제와 광대: 중세 교회문화와 민중문화』. 문학과지성사. 2009.

쓰자하라 야스오.『국기의 세계사』. 박경옥 옮김. 황금가지. 2005.

하마모토 다카시.『문장으로 보는 유럽사』. 박재현 옮김. 달과소. 2004.

문장과 함께하는
유럽사 산책
ⓒ 김경화 고봉만 이찬규 안상원 김연순 김문석

1판 1쇄	2019년 7월 8일
1판 2쇄	2020년 8월 13일
지은이	김경화 고봉만 이찬규 안상원 김연순 김문석
펴낸이	강성민
편집장	이은혜
편집	이여경
마케팅	정민호 김도윤 고희수
홍보	김희숙 김상만 지문희 우상희 김현지
펴낸곳	(주)글항아리	출판등록 2009년 1월 19일 제406-2009-000002호
주소	10881 경기도 파주시 회동길 210
전자우편	bookpot@hanmail.net
전화번호	031-955-2696(마케팅) 031-955-1936(편집부)
팩스	031-955-2557
ISBN	978-89-6735-644-6 03920

geulhangari.com